# essentials

*essentials* liefern aktuelles Wissen in konzentrierter Form. Die Essenz dessen, worauf es als „State-of-the-Art" in der gegenwärtigen Fachdiskussion oder in der Praxis ankommt. *essentials* informieren schnell, unkompliziert und verständlich

- als Einführung in ein aktuelles Thema aus Ihrem Fachgebiet
- als Einstieg in ein für Sie noch unbekanntes Themenfeld
- als Einblick, um zum Thema mitreden zu können

Die Bücher in elektronischer und gedruckter Form bringen das Expertenwissen von Springer-Fachautoren kompakt zur Darstellung. Sie sind besonders für die Nutzung als eBook auf Tablet-PCs, eBook-Readern und Smartphones geeignet. *essentials:* Wissensbausteine aus den Wirtschafts-, Sozial- und Geisteswissenschaften, aus Technik und Naturwissenschaften sowie aus Medizin, Psychologie und Gesundheitsberufen. Von renommierten Autoren aller Springer-Verlagsmarken.

Weitere Bände in dieser Reihe http://www.springer.com/series/13088

Manfred Faber · Undine Zumpe
Christof Kerscher

# Erfolgreiche Einsätze von Interim-Managern im Personalwesen

## Erfahrungsberichte von externen Personalprofis, ihren Auftraggebern und Vermittlern

Manfred Faber
HR-Consultants GmbH
München, Deutschland

Christof Kerscher
ISS
München, Deutschland

Undine Zumpe
Management Meetings
München, Deutschland

ISSN 2197-6708 ISSN 2197-6716 (electronic)
essentials
ISBN 978-3-658-15630-5 ISBN 978-3-658-15631-2 (eBook)
DOI 10.1007/978-3-658-15631-2

Die Deutsche Nationalbibliothek verzeichnet diese Publikation in der Deutschen Nationalbibliografie; detaillierte bibliografische Daten sind im Internet über http://dnb.d-nb.de abrufbar.

Springer Gabler


Gedruckt auf säurefreiem und chlorfrei gebleichtem Papier

Springer Gabler ist Teil von Springer Nature
Die eingetragene Gesellschaft ist Springer Fachmedien Wiesbaden GmbH
Die Anschrift der Gesellschaft ist: Abraham-Lincoln-Str. 46, 65189 Wiesbaden, Germany

# Was Sie in diesem *essential* finden können

- Fachliche und soziale Herangehensweise an die gestellten Aufgaben als externe Fach- und Führungskraft
- Erwartungshaltung an den Interim-Manager von Auftraggeberseite
- Praxistipps zu Entscheidungsfindung, Vorbereitung, Betreuung und Kosten eines Interim-Einsatzes
- Beschreibung von Situationen, die den Einsatz eines Interim-Managers sinnvoll machen
- Hinweise zu Vorbehalten gegenüber Externen in der Praxis, Bedeutung von Know-how-Transfer sowie Möglichkeiten und Grenzen von Führung auf Zeit

# Über uns

Die Buchidee ist aus der Zusammenarbeit der Autoren bei den HR-Consultants entstanden. Ziel war es, mit den „Cases" das Thema Interim-Management bekannter zu machen und die vielfältigen Möglichkeiten dieser Arbeitsform allen Akteuren des Marktes zu öffnen.

Seit 2012 beleuchten wir zwei Mal jährlich Themengebiete, die sich rund um den Einsatz unserer HR Interim-Manager ergeben, beantworten Fragen und geben Ideen und Erfahrungen seitens unserer Kunden und Interim-Manager weiter.

Diese „Cases" haben wir im hier vorliegenden Band für Sie noch einmal zusammengefasst, um Ihnen einen Überblick über die täglichen Chancen und Herausforderungen im Personalmanagement zu geben und wie sie von unseren Auftraggebern und vor allem unseren Interim-Managern in Angriff genommen werden.

Die HR-Consultants vermitteln freiberuflich tätige HR Interim-Manager und unterstützen Unternehmen auch bei der passgenauen Besetzung von HR Positionen durch fest angestellte Mitarbeiter. Dabei wird sehr großer Wert auf den persönlichen Kontakt zu den Menschen gelegt. Aus diesem Grund finden eine Vielzahl von Veranstaltungen für Kunden, Interim-Manager, Kandidaten und Partner statt. Es geht darum, sich besser zu kennen und so gemeinsam den besten Weg für alle zu finden. Nur so ist eine erfolgreiche Platzierung des richtigen Kandidaten oder Interim-Managers gewährleistet.

Eine weitere Besonderheit der HR-Consultants ist die Spezialisierung nur auf HR Positionen. Der Hintergrund dafür ist, dass in der immer komplexer werdenden Welt das Zusammenspiel von individuellem Spezialistentum unserer Meinung nach am erfolgreichsten ist. Wir wollen in unserer Nische, dem HR Bereich, den kompletten Überblick und das Fachwissen haben, um so erfolgreich den richtigen Kandidaten oder Interim-Manager auf die am besten geeignete Position zu bringen.

Und wir sind begeisterte Netzwerker. Deswegen melden Sie sich bitte bei uns, wenn Sie mehr zum Interim-Management oder Festbesetzung im HR Bereich wissen wollen oder besuchen Sie uns auf einer unserer Veranstaltungen. Infos dazu finden Sie unter www.hr-consultants.de.

# Inhaltsverzeichnis

# 1 Hand auf's Herz…Wie lange dauert es bei Ihnen, bis Sie eine personelle Lücke in Ihrer Personalabteilung wieder geschlossen haben?

## 1.1 Interim-Management im Human Resources bis zur (Nach-) Besetzung einer Vakanz

Wenn Manfred Faber, Geschäftsführer der HR-Consultants und langjähriger Personalleiter, verschmitzt zugibt, dass er sich seinen ersten Interim-Auftrag als Personalleiter 1998 „erschlichen" hat indem er sich auf eine fest zu besetzende Position bewarb, beweist das in erster Linie, wie unbekannt das Thema „Interim-Management" in Deutschland und in den Personalabteilungen war. Hat sich daran etwas geändert? Zumindest hat sich wenig daran geändert, dass sich auch die Funktionen des Personalwesens den Schlagworten Schnelligkeit und Flexibilität unterordnen müssen, um den Marktanforderungen gerecht zu werden.

*Was liegt also näher, als auf kurzfristig verfügbare Kompetenz zurückzugreifen?*

Manfred Faber kennt die Bedarfe der Personalabteilungen und kann diese passgenau mit Interim-Managern und Interim-Spezialisten versorgen. Er kennt die Vorbehalte wie die Vorteile bei der langfristigen Betrachtungsweise der Interim-Einsätze: minimieren sie die Kosten oder maximieren sie den Nutzen? Ist es besser Aufgaben zu bewältigen oder sie brach liegen zu lassen? Kann es überhaupt eine Lösung sein, interimistisch eine Position zu besetzen – besonders im sensiblen Herzen des Unternehmens – der Personalabteilung – in der die Arbeit zu einem großen Teil auf Vertrauen beruht?


M. Faber et al., *Erfolgreiche Einsätze von Interim-Managern im Personalwesen*, essentials, DOI 10.1007/978-3-658-15631-2_1

„Merkmal eines freiberuflich arbeitenden Personalspezialisten ist die individuelle Flexibilität auf allen Ebenen", so Faber. Für Projekteinsätze im HR Bereich ist das dringend anzuraten und in vielen Bereichen schon Usus. Besonders bei der Auswahl und Implementierung von Software ist die interimistische Überbrückung statt einer langfristigen Festanstellung plus der vorangeschalteten langwierigen Suche derartiger Spezialisten ein gerne genutztes Einsatzgebiet. Auch in der Krankheitsvertretung hat sich die Zwischen-Besetzung durch Interim-Manager oder -Spezialisten weitestgehend durchgesetzt. Die gute wirtschaftliche Lage hat jedoch noch eine besondere Einsatzmöglichkeit in den Vordergrund rücken lassen: Denn – Hand auf's Herz: Wie lange dauert bei Ihnen die Zeit, bis Sie eine personelle Lücke in Ihrer Personalabteilung wieder geschlossen haben? Und wie lange darf es dauern? Das sind momentan gut und gerne Monate – Tendenz steigend. Und damit sind wir zurück bei der Grundidee, die Manfred Faber 1998 verfolgte, als er in der ebenso an Fachkräften armen New Economy-Zeit sich einem Unternehmen vorstellte, um interimistisch die Position des Personalleiters zu übernehmen, bis eine langfristige Besetzung für das Unternehmen gefunden war bzw. Faber seinen Nachfolger gefunden hatte.

**Welches sind die Leitgedanken wenn es darum geht, eine personelle Lücke von außen zu überbrücken?**
**Das Kostenargument:** Ist ein nach Tagessätzen abgerechneter Interim-Spezialist/-Manager teuer, wenn man Gehaltskosten (inkl. Arbeitgeberanteil) eines Festangestellten dagegen rechnet, aber seine Produktivität, seine Flexibilität und seinen schnellen Start mit einbezieht?
**Das Know-how Argument:** Wie viel Wissen und Kompetenzen werden von einem erfahrenen HR-Profi eingebracht, für den ein solcher Einsatz Routine ist?
**Das Vertrauensargument:** Können Mitarbeiter und Führungskräfte einem nicht langfristig im Unternehmen verbleibenden Mitarbeiter das gleiche Vertrauen entgegen bringen oder ist Vertrauen eher eine Frage der Persönlichkeit und der Kompetenz?
**Das Argument für interne Vorbehalte:** Ist es sinnvoll, die Zeit bis zur Festanstellung des perfekten Kandidaten von einem erfahrenen HR-Profi überbrücken zu lassen und produktiv zu nutzen oder kann es sich ein Unternehmen erlauben, einfach zu warten und die Aufgaben liegen lassen?
**Das Argument des schnellen Einsatzes:** Ist es strategisch wichtiger, wenn sich schnell eine erfahrene Kraft der dringendsten und kritischen Probleme annimmt und die Abteilung wieder stabil arbeitet?

## 1.2 „Irgendwie": Hoffnung, Untätigkeit und das berühmte „irgendwie" – welche Folgen haben lang anhaltende Vakanzen im Personalmanagement?

Für den ausgeschiedenen Personalleiter findet sich nicht gleich ein Nachfolger – kein Grund zur Panik?!?! Während in den Bereichen Finanzen und Controlling sich Unruhe breit machen würde, hadert die Personalabteilung wieder mal mit ihrem Schicksal, hofft und versucht zu überbrücken. *Aber kann sich ein Unternehmen eine kopflose Personalabteilung leisten – und wenn ja: wie lange?*

Katharina Krebs war lange Zeit selbst Personalleiterin bis sie sich entschied, die Rolle der „Feuerwehrfrau" zu übernehmen und ihr Know-how auf Zeit einzusetzen. Projektarbeiten sind für die Interim-Managerin dabei nur ein Feld, auf dem ihre Expertise gefragt ist. Die Überbrückung einer Vakanz bis zur Wiederbesetzung rückt immer stärker in den Vordergrund in Zeiten, in denen sich die Rekrutierung langwierig gestaltet und der Bewerbermarkt auch im HR ausgesiebt ist.

„Sicherlich denkt jeder Rekrutierer: „Morgen wird sich schon der perfekte Kandidat bewerben! Da lohnt eine Überbrückung doch gar nicht!", so Katharina Krebs. „Aber selbst wenn der Wunschkandidat morgen bei den Bewerbungen dabei ist, bleibt noch die Zeit bis zur beiderseitigen endgültigen Entscheidung und seine, in leitenden Positionen oft lange Kündigungsfrist. Natürlich besteht die Personalarbeit auch aus jeder Menge Tagesgeschäft und solange die Kollegen physisch und psychisch in der Lage sind, über Monate die Mehrbelastung aufzufangen, wird es auch irgendwie gutgehen". Irgendwie! Katharina Krebs weiß aber aus eigener Erfahrung: „Das „Irgendwie" scheitert dann, wenn strategische Entscheidungen getroffen werden müssen. Ich wurde einst eingesetzt, als der Leiter Aus- und Weiterbildung schon einige Zeit weg war. Ein Nachfolger war noch nicht gefunden und zwei weitere Kollegen wegen Überlastung inzwischen krank, so dass aus einer Vakanz gleich drei Stellen unbesetzt waren. Als ich ankam stand die Entscheidung an, ob im kommenden Jahr 40, 60 oder 80 Auszubildende an Bord kommen sollen. Damit einher ging die Frage, welche Auszubildenden benötigt und wie das Auswahlverfahren gestaltet werden soll. Des Weiteren musste der Weiterbildungskatalog für das kommende Jahr verfasst werden. Um das Problem mit den Azubis vom Tisch zu haben, hatte man sich einfach mal – und irgendwie – auf 60 geeinigt und der Weiterbildungskatalog war ohne Abgleich der Unternehmensziele bunt zusammen gewürfelt worden. Meine Analyse ergab in Sachen Azubis jedoch nur einen Bedarf von 30, da die Fluktuation in der Belegschaft insgesamt nur bei zwei Prozent lag. Man steuerte also geradewegs darauf zu, 30 Personen zu viel an Bord zu nehmen, für die nach der Ausbildung nicht wirklich Bedarf bestand. Das mag ein hübsches soziales Engagement sein, ändert aber nichts an der Tatsache, dass man sich von den dreißig jungen Männern und Frauen nach drei Jahren hätte trennen müssen. Und auch in Sachen Trainings ging es um langfristige, strategische Entscheidungen, die das gesamte kommende Jahr betrafen."

Damit spricht Katharina Krebs einen Faktor an, der – so sehr die Notwendigkeit eines „Überbrückungs-Managers" unterschätzt wird – bei einer anstehenden Entscheidung überschätzt ist: Die Kosten. Die sind in jedem Fall dann hoch, wenn strategische Entscheidungen im vermeintlichen „Backoffice Personalabteilung" nicht oder falsch getroffen werden. „Zumal im Falle einer Vakanz ja momentan keine Personalkosten entstehen und das Geld anderweitig genutzt werden kann". Aber Krebs weist dabei auf einen anderen – leidigen – Punkt hin: „Wir im Personalmanagement müssen viel stärker kommunizieren. Nicht nur nach außen, also das Thema „Employer Branding", sondern auch nach innen. Erst wenn der Mehrwert der Personalarbeit im Unternehmen dargestellt wird, wird auch ihr Nutzen transparent. Also bitte weniger über Kosten reden, sondern über den Anteil der Personalarbeit am Unternehmenserfolg. Damit steigt die Anerkennung und das Bewusstsein, dass es durchaus Know-how und Erfahrung bedarf, um qualifiziertes Personal einzustellen, weiterzubilden und zu halten".

*Kann aber ein Interim-Manager sich im so sensiblen Personalbereich so rasch einarbeiten, dass ein „added value" im oben genannten Sinne binnen weniger Tage generiert werden kann?* Katharina Krebs spricht aus ihrer Erfahrung als Interim-Managerin: „Personalarbeit ist Können, aber auch Erfahrung und Routine. Kein Unternehmen hat so einzigartige Strukturen, dass man als Interim-Manager sich nicht binnen einer Woche zurechtfindet und die Herausforderungen angehen kann. In der Regel werden wir erst gerufen, wenn die ersten Themen bereits brennen. Viel mehr als eine Einführung in die Infrastruktur – Telefon, IT – erhalten wir jedoch seitens des Kunden nicht, dafür aber die vielen Stapel an schnell zu bearbeitenden Herausforderungen, die über einen zu langen Zeitraum nicht angegangen wurden. Nach fünf Tagen kommt dann eventuell der eher rhetorische Einwurf: „Sie haben keine Fragen, oder?" Bis dahin habe ich bereits meine ersten Netzwerke geknüpft, die mir helfen, interne Strukturen zu verstehen. Der Kunde macht wenig Auftragsklärung bzw. glaubt, sie mit dem Anforderungsprofil im Vorfeld abgeschlossen zu haben. Erst als ich schon bei meinem jetzigen Auftraggeber eingesetzt war, habe ich erfahren, dass da noch neun Mitarbeiter sind, die von mir geführt werden sollen. Und dass ich Verhandlungsführerin beim Betriebsrat bin, sagte man mir erst kurz vor der Sitzung. Für einen Interim-Manager muss und ist das in Ordnung sein. In der Regel werden kundenseitig im Vorfeld die Anforderungen höher gestellt, als sie wirklich sind. Damit stellt er sicher, dass der Interim-Manager sofort ohne langwierige Einarbeitung produktiv ist. Schade ist bei dieser Vorgehensweise allerdings, dass keine saubere „vorher-nachher"-Analyse stattfinden kann, um den Erfolg im Nachhinein im Abgleich mit den Anforderungen ganz klar zu messen".

*Aber warum lässt sich Katharina Krebs nicht einfach übernehmen und steigt ein, nachdem sie das Unternehmen und ihre Aufgabe kennen gelernt hat?*

„Nur wenige Interim-Manager haben sich aus Verlegenheit selbständig gemacht, sondern weil sie diese Arbeitsform für sich als die beste definiert und diese Entscheidung bewusst getroffen haben. Der Kunde schätzt wiederum am Interim-Manager das schnelle Zurechtfinden in neuen Themen, aber auch die neutrale Herangehensweise an Aufgaben, denn dieser hat weder Historie noch Zukunft im Unternehmen, agiert und entscheidet vor diesem Hintergrund wesentlich sachlicher und unpolitischer. Diese „Freiheit" würde mir bei einer Festanstellung verloren gehen."

## 1.3 Ganz konkret: Wie gestaltet sich die Vorbereitung für einen Interim-Einsatz? Christof Kerscher gibt Auskunft

Herr Kerscher, was passiert, wenn sich ein Unternehmen für die Überbrückung einer Vakanz für einen Interim-Einsatz interessiert?

Christof Kerscher: Mir ist wichtig, den Kunden vorab über die Möglichkeiten generell zu informieren, sofern er sich noch nicht mit dem Thema befasst hat. Was bedeutet Interim-Management? Was ist der Unterschied zu Zeitarbeit? Was kann ein Interim-Manager leisten, in welchem Rahmen wird er tätig und was sind seine Motivationsgründe?

Danach gehen wir die Stellenbeschreibung durch, sofern es sich um eine Überbrückung bis zur festen Besetzung einer Stelle handelt. Warum und wie lange wird schon gesucht und welche Kriterien muss der Kandidat erfüllen?

Bei Projekt- manchmal gar „Feuerwehr"-Einsätzen gehen wir die genauen Kompetenzen durch, die der Interim-Spezialist haben muss, um das Projekt von der ersten Stunde an durchzuführen.

Mir ist an der Stelle bereits wichtig, dass die jeweiligen Honorarvorstellungen abgeglichen werden. Auch das wird im ersten Gespräch besprochen.

Sie wissen jetzt, was der Kunde benötigt. Wie ist Ihr weiteres Vorgehen?

Unsere Datenbank umfasst derzeit rund 850 Personalprofis aller Hierarchien und HR-Bereiche von Rekrutierung über IT bis hin zur Payroll. Das

HR-Consultants Netzwerk erstreckt sich über den gesamten deutschsprachigen Raum. Vereinzelt haben wir auch Profile von HR-Managern aus anderen europäischen Ländern hinterlegt.

Diese Datenbank täglich zu pflegen und ständig zu erweitern ist deshalb von großer Bedeutung, da wir 90–95 % der Aufträge direkt aus unserem Pool besetzen und nicht erst anfangen zu rekrutieren, wenn wir einen Auftrag erhalten. Nur so können wir schnell sein.

Sobald wir geeignete Kandidaten identifiziert haben, sprechen wir mit ihnen Auftrag, Volumen und Einsatzdauer ab. Gibt der Kandidat sein Einverständnis, schreiben wir unsere und seine Einschätzung zum Einsatz und dessen Verlauf zusammen und fügen das seinem Kompetenzprofil bei.

Wie lange dauert es, bis der Kandidat einsatzbereit ist?

Im Optimalfall liegen dem Kunden am gleichen Tag, spätestens aber innerhalb von zwei bis drei Tagen ca. drei bis vier Profile vor. Ist das Kennenlerngespräch zwischen Kunde und Kandidat erfolgreich, kann der Einsatz binnen weniger Tage beginnen. Der Kunde hat hier im Vergleich zu einer Festanstellung immer den Vorteil, dass die Entscheidungswege und -hürden geringer sind. Schnelligkeit und Kompetenz zeichnen einen Interim-Kandidaten aus, aber auch mich als Vermittler. Das sind daher auch meine Leitlinien.

# Lückenbüßer aus Leidenschaft 2

## 2.1 Von Ausfällen und Auszeiten: Wie Personalabteilungen planen, handeln und vorbeugen

„Kurz vor knapp" – das ist das Datum, zu dem ein Interim-Manager zu einem Einsatz gerufen wird. Manfred Faber, Geschäftsführer der HR-Consultants GmbH, ist in einer nunmehr fünfzehnjährigen Laufbahn als HR Interim-Manager in den seltensten Fällen einmal „langfristig strategisch" eingeplant worden. Selbst, wenn es zu Überbrückungseinsätzen wie einer durchaus planbaren Schwangerschaftsvertretung kommt – wir erinnern uns? Das sind in der Regel neun Monate. Faber lächelt darüber: „Die meisten Abteilungen sind einfach überlastet und handeln nur noch kurzfristig und im Moment größter Not. Für mich als Interim-Manager und Vermittler ist das in Ordnung. Zum einen sind es Interim-Manager gewohnt, schnell zu reagieren, zum andern wissen wir, dass wir gerufen werden, wenn es nicht nach Plan läuft."

Überbrückungseinsätze sind (neben Projekteinsätzen) Normalität im Leben eines Interim-Managers. Schwangerschaftsvertretung und Krankheit in der Führungsriege der Personalabteilung hinterlassen Lücken, die nicht nur zur Mehrbelastung der verbleibenden Mitarbeiter führen, sondern auch zur Stagnation von Projekten – Entscheidungen werden aufgeschoben, Themen nur halbherzig angegangen. Im HR kann das besonders negative Folgen für das Unternehmen haben, beispielsweise, wenn die Rekrutierung von Schlüsselpositionen sich verlangsamt oder aufgrund mangelnder Betreuung von Mitarbeitern es zu nicht erkannten und



M. Faber et al., *Erfolgreiche Einsätze von Interim-Managern im Personalwesen*, essentials, DOI 10.1007/978-3-658-15631-2_2

kommunizierten Problemen in der Belegschaft kommt, Stichwort: innere Kündigung – ganz zu schweigen von Mängeln in der Personalabrechnung.

Dabei ist die Aufgabe während der Auszeiten bzw. des Ausfalls klar definiert: Der Interim-Manager führt die Geschäfte wie der Stelleninhaber weiter. Manfred Faber: „Im Falle einer Schwangerschaft besteht sogar, wenn gewünscht, die Möglichkeit, sich mit der Stelleninhaberin weiterhin auszutauschen. Viele sich im Mutterschutz befindende Personalerinnen freuen sich sogar darüber. Dann halte ich als Interim-Manager in wichtigen Entscheidungen Kontakt. In Krankheitsfällen ist diese Möglichkeit nicht gegeben, es zählen Erfahrung und Kompetenz. Von uns wird erwartet, dass wir „hands on" und ohne Unterstützung arbeiten. Aber das ist der Grund, weshalb wir Interim-Manager geworden sind. Ziel ist es, bei Einsatzende dem Wiederkehrer das zu hinterlassen, was man ein „bestelltes Haus" nennt, so dass er in der Lage ist, seine Arbeit lückenlos wieder aufzunehmen".

Manfred Faber sieht in unseren Zeiten, in denen der Druck immer größer wird, noch einen weiteren, immer häufiger werdenden Ausfallgrund: Das Phänomen des Burn-outs schleicht sich auch in die Personalabteilungen der Unternehmen – Kolleginnen und Kollegen fallen wegen Überlastung aus. Gleichzeitig werden immer stärker – vor allem von der jüngeren Generation – sog. Sabbaticals nachgefragt, um den eigenen Horizont zu erweitern, Zeit für sich selbst zu haben, den „Akku" wieder aufzuladen. Faber sieht hier im Einsatz eines Interim-Managers eine geeignete Personalstrategie, um diesem durchaus notwendigen Wunsch nach einer Auszeit nachzukommen. „Wenn sich Unternehmen heute überlegen, wie sie ihre Mitarbeiter langfristig binden und stärken wollen, dann wird das Thema Sabbatical als Angebot gesetzt sein", so Faber. „Und wenn in dieser Zeit durch eine Überbrückung die Abteilung auf mindestens gleichbleibendem fachlichen Leistungsniveau weiterläuft, dann stehen am Ende nicht nur die Mitarbeiter, sondern auch das gesamte Unternehmen gestärkt da".

**Welches sind die Leitgedanken, wenn es zu einem Ausfall in der Führungsriege der Personal abteilung kommt?**
**Schwangerschaftsvertretung:** „Planen statt warten"
Sollte frühzeitig der Einsatz eines externen Personalprofis eingeplant werden, damit die Abteilung mit dem Beginn des Mutterschutzes ohne Ausfall weiterarbeiten kann?
**Krankheitsvertretung:** „Handeln statt hoffen"
Sollte der Einsatz eines routinierten und erfahrenen HR-Managers einer zeitlich undefinierten Stagnation vorgezogen werden, damit die Abteilung wieder weiterläuft und die Mitarbeiter einen kompetenten Ansprechpartner haben – vor dem Hintergrund dass dieser Einsatz kurzfristig wieder kündbar ist?

**Sabbatical:** „Vorsorgen statt nachsorgen"
Sollten die Zeichen der Zeit erkannt werden und vorsorglich Sabbaticals angeboten werden, um die Zahl der Burn-out Fälle zu reduzieren und diese Auszeit strategisch geplant mit Interim-Managern geschlossen werden?

Und macht es in all diesen Fällen Sinn, sich interimistisch Kompetenz und Know-how einzukaufen? – Sind doch die Ausfälle kostenneutral!

## 2.2 Lückenbüßer & Überzeugungstäter

Firma Nummer 21 in zwanzig Jahren, 15 verschiedene Branchen. Robert Knemeyer ist „Lückenbüßer aus Leidenschaft" oder auch: überzeugter und unerschrockener Interim-Manager.

Besonders zu den klassischen Überbrückungen haben wir Robert Knemeyer befragt. Wie ist es, wenn man permanent den Lückenbüßer spielt, mit voller Kraft Einsatz bringt, aber dennoch nie wirklich dazugehört?

Lesen Sie hier seine Eingaben.

*Herr Knemeyer, die Personalleiterin ist schwanger, in ziemlich genau definierter Zeit wird sie in den Mutterschutz gehen und die Abteilung kopflos sein. Wann klingelt bei Ihnen das Telefon, um die Zeit ihrer Abwesenheit zu überbrücken? Oder ganz allgemein gefragt: Wie strategisch gehen Unternehmen absehbare Personallücken – besonders in der HR-Führungsriege – an?*

Knemeyer: Das kommt darauf an, ob das Management HR als Schlüsselfunktion ansieht oder nicht. Wird der Mehrwert, den die Personalabteilung bringt, anerkannt und geschätzt, dann ist die Bereitschaft zur Vorsorge zumindest da. Besonders bei Schwangerschaften kommt es schon währenddessen immer wieder zu Ausfällen. In diesen Fällen werde ich dann auch schon einmal frühzeitig gerufen.

Herrscht jedoch die Denkweise, dass „das bisschen HR" schon „irgendwie" mitläuft, dann wird wahrscheinlich auch während der Auszeit der Mutter das Telefon nicht klingeln – zum Leidwesen der verbleibenden Mitarbeiter inklusive Stagnation von Entscheidungen und Projekten.

*Im Falle einer Schwangerschaftsvertretung besteht sogar die Möglichkeit eines geregelten Übergangs und sie kommen in den Luxus eingearbeitet zu werden.*

Knemeyer: … was ich nicht als Luxus empfinde, da ich es schlicht nicht benötige. Meine langjährige Erfahrung hat mir eines bewiesen: Personalarbeit ist immer und überall gleich. Dazu kommt: Sitzen für eine gewisse Zeit zwei Personen auf einem Stuhl ist das nicht unbedingt von Vorteil, denn die eine möchte sich meist nur ungern lösen und der andere, sprich: ich, kommt, um wieder zu gehen. Und dabei bringe ich zwar den Einsatz, aber längst nicht die emotionale Bindung für die Position mit wie die Stelleninhaberin. Ich sehe die Aufgabe naturgemäß nüchterner und das hat durchaus Vorteile.

Jetzt kommt noch Folgendes hinzu: Ein Mitarbeiter kommt rein und hat eine Frage – an wen von beiden soll er sich wenden? Mir reichen wenige Stunden um die Ordnung des individuellen Büros kennen zu lernen. Die Strukturen des Personalmanagements sind fast überall gleich, meist auch die Dokumentationen.

*Das Problem haben Sie nicht, wenn Sie nach längerem Krankheitsfall gerufen werden. Hier werden Sie wohl oftmals in ein gehöriges Chaos geworfen, denn die große Frage lautet wohl: Wann rufe ich einen Interim-Manager, wenn ich nicht weiß, wann und ob der Mitarbeiter wiederkommt?*

Knemeyer: Da regiert lange – oft zu lange – das Prinzip Hoffnung, richtig. Das Unternehmen hofft, dass der Mitarbeiter bald wieder kommt und der Mitarbeiter sitzt ebenfalls genervt von der Krankheit und nicht selten auch mit schlechtem Gewissen zu Hause und hofft das gleiche. Die Schmerzgrenze, jemanden Externes anzufordern, ist also hoch. Nur wird übersehen, wie schnell ich mich einarbeite und wie schnell man mich vertraglich wieder verabschieden kann. Und ebenso, wie sehr die verbleibenden Mitarbeiter zunehmend überlastet sind und die Qualität ihrer Arbeit nachlässt.

*Sie haben nun angesprochen, wie schnell Sie sich in die Strukturen einarbeiten. Wie schnell verschaffen Sie sich gleichzeitig Akzeptanz bei den Mitarbeitern?*

Knemeyer: Das ist eine logische Folge der schnellen Einarbeitung. Wenn Mitarbeiter schon nach wenigen Tagen Antworten auf ihre Fragen bekommen, dann akzeptieren sie mich in jedem Fall von meiner fachlichen Seite. Um sie auch persönlich zu überzeugen führe ich in den ersten Tagen Einzelgespräche, um sich gegenseitig kennen zu lernen. Mir ist es wichtig, dass ich in meiner täglichen Arbeit überzeuge und zeige, wie ich mit Thematiken umgehe, Lösungen herbeiführe, Entscheidungen treffe. Wenn ich das, was von mir erwartet wird, auch umsetze, dann werde ich meiner Funktion als Lückenbüßer gerecht und in der Position, die ich ausfülle, auch akzeptiert.

*Begegnen Ihnen die Mitarbeiter anders als dem Stelleninhaber, den Sie vertreten?*

Knemeyer: Sicherlich. Ich sage zwar, dass es für die Mitarbeiter keinen Unterschied machen darf, ob ich mit einem festen oder einem freien Vertrag arbeite, aber das ganze Thema „Positionierung" ist anders gelagert. Mir liegen vor allem politische Ränkespiele fern. Das hat zur Folge, dass ich Dinge „rücksichtsloser" – und das meine ich im positiven Sinn – vorantreiben kann, denn ich muss nicht auf jede individuelle Befindlichkeit reagieren. Das heißt aber auch, dass der ein oder andere mit mir einen offeneren Umgang pflegt. Gerechterweise muss man auch sagen, dass ich bisweilen mehr Zeit für einzelne Themen habe, da ich mich nicht komplett der Meeting-Kultur ausliefern muss. Grundsätzlich gilt: Wenn Sie nicht taktieren müssen, sind Sie sachorientierter. Das macht so manches einfacher und schneller. Aber das ist auch das, was von mir erwartet wird. Ich kann Themen vorantreiben und mich auch mal unbeliebt machen. Das tue ich auch, wenn ich vom Ergebnis überzeugt bin. Und dass ich von so manchem überzeugt bin, rührt aus meiner Erfahrung – die meisten Themen bin ich schlicht schon mehrere Male angegangen und weiß, wie sie enden bzw. enden können.

*Orientieren Sie sich an der bisherigen Arbeitsweise desjenigen, dessen Platz Sie nun für eine gewisse Zeit ersetzen?*

Knemeyer: Sagen wir mal so: Ich halte den Patienten nicht nur am Leben, ich operiere auch. Das bedeutet auch, dass ich Chancen nutze, die ich deshalb sehe, weil ich nicht „betriebsblind“ bin.

Zudem können sich Situationen in kurzer Zeit verändern und gänzlich neue Wege erfordern. Denken Sie an 2008, als wir von heute auf morgen Tausende in die Kurzarbeit schicken mussten. Und schon recht kurze Zeit später kämpften wir wieder mit einem Fachkräftemangel, der uns bis auf Weiteres begleiten wird. In wenigen Monaten kann also so viel passieren, dass eine eigenständige Arbeitsweise pure Notwendigkeit ist. Und entsprechend muss ich reagieren und handeln.

*Sie halten also als Lückenbüßer nicht nur den Status Quo aufrecht ...*

Knemeyer: Nicht nur Lückenbüßer aus Leidenschaft, sondern auch Überzeugungstäter – mit allen Konsequenzen.

## 2.3 Zu teuer? Was kostet der Einsatz eines Interim-Managers im Falle einer Überbrückung wirklich? Drei Fragen an Christof Kerscher

Herr Kerscher, wenn die reinen Kosten eines Interim-Managers neben das Gehalt eines festangestellten Personalleiters gestellt werden, dann zuckt jeder, der dieses Budget verantworten muss, erst einmal kräftig – besonders bei einem reinen Überbrückungseinsatz ohne zusätzliches Budget. Hat er allen Grund dazu?

Christof Kerscher: Wenn wir von den „reinen“ Kosten für einen Interim-Manager sprechen, sollten wir gerechterweise die „reinen“ Personalkosten gegenüber stellen. Da ist beim Festangestellten zum einen der nicht unbeträchtliche Arbeitgeberanteil, aber auch Benefits wie Firmenwagen usw., die der Interim-Manager selbst mitbringt. Erhebliche Kosten entfallen bei Festangestellten auf Urlaub, Fortzahlung im Krankheitsfall oder Feiertage – währenddessen der

Interim-Manager nur für die tatsächlich geleistete Arbeitszeit bezahlt wird. Sonderzahlungen wie vermögenswirksame Leistungen, Boni oder Prämien inkl. der sich daraus ergebenden Verwaltungskosten bilden ebenfalls einen beträchtlichen Kostenblock und die Liste kann fortgesetzt werden mit Ausgaben für Weiterbildung, aber auch Rekrutierung oder Abfindung. Am Ende kommt es bei einer fairen Gegenüberstellung zu einer leichten Erhöhung, manche Studien sprechen gar von einem kostenneutralen Vergleichsergebnis. Und diese Kosten fallen bei einer Überbrückung ja nicht zusätzlich an, denn der Stelleninhaber wird bei Krankheit, Schwangerschaft oder Sabbatical nicht bzw. nur kurz vom Arbeitgeber weiterbezahlt. Und im Falle eines Sonderprojekts sind es reine Projektkosten, die oft nicht unter Headcount erscheinen, sondern einer anderen Kostenstelle zugeordnet werden.

Die günstigere Alternative, die viele wählen, ist das Aussitzen … – kostet nichts, oder?

Christof Kerscher: Der Betriebswirt nennt dieses „Nichts" Opportunitätskosten: Was kostet es, wenn die Stelle unbesetzt bleibt? Grundsätzlich gilt: Jede unbesetzte Stelle zieht ein Bündel von Folgeproblemen mit sich: Verbleibende überarbeitete und daher mindestens unmotivierte, wenn nicht gar kranke Mitarbeiter, damit potentielle Arbeitsrechtskonflikte, aufgeschobene Projekte einhergehend mit einer gehemmten Weiterentwicklung, unzufriedene Kunden, abgelehnte Aufträge – die negativen Folgen lassen sich stets belegen, wenn man ehrlich ist.

Bei einem reinen Überbrückungseinsatz reicht es möglicherweise, den Ausfall nur teilweise zu kompensieren. Mit dieser Flexibilität spart das Unternehmen am Ende sogar und sorgt gleichzeitig dafür, dass die Abteilung weiter gut läuft. Besonders im Personalmanagement, das sich in den letzten Jahren als Dienstleister bzw. Business Partner aufgestellt hat, ist das überaus wichtig.

Muss ich Abstriche machen?

Christof Kerscher: Im Gegenteil. Ein Interim-Manager bringt die Erfahrung von zig Projekten und Unternehmen aus den unterschiedlichsten Branchen mit. Sie kaufen also nicht nur eine überaus routinierte „Ersatzkraft" ein, sondern auch jede Menge Know-how. Das Unternehmen profitiert nicht nur, sondern spart möglicherweise durch die Vermeidung von Fehlentwicklungen. Bei der Kostenbetrachtung haben wir übrigens diesen „Mehrwert", der nur schwer berechenbar ist, noch nicht einmal berücksichtigt.

# Burn-out kann nicht immer vermieden, aber durchaus ge(interim-)managt werden

# 3

## 3.1 Burn-out kann oftmals nicht vermieden, aber durchaus ge(interim-)managt werden

Welche Möglichkeiten gibt es im allgemeinen sowie im besonderen Fall der Personalabteilung, mit Burn-out Gefährdungen bzw. konkreten Fällen des Ausfalls durch Überlastung umzugehen?

Erstens: Augen zu und so lange warten, bis ein Burn-out gefährdeter oder geschädigter Mitarbeiter ausfällt, sechs Wochen Lohnfortzahlung im Krankheitsfall leisten und dann abwarten – vor allem, wie sich der Rest der Mannschaft entwickelt, der den Ausfall kompensieren muss. Also gleich noch einmal: Augen zu!

An der Stelle sei angemerkt, dass Passivität mitnichten die beste, wenn auch die meist angewendete Methode ist.

Zweitens: Stichwort „Gesundheitsförderung". Also Augen auf und Entspannung, Coaching sowie Stressmanagement auf die Agenda der Mitarbeiter setzen. Sehr positiv, sehr proaktiv und zweifelsohne empfehlenswert, mit der kleinen Einschränkung, dass ein besonderes Augenmerk darauf gerichtet werden sollte, wer das Angebot annimmt – Burn-out Gefährdete freiwillig meist selten!

Was passiert aber, wenn der ein oder andere Mitarbeiter das Angebot dankend annimmt und aufgrund einer negativen Burn-out-Risikoanalyse sich für einige Zeit in ein sog. Sabbatical verabschieden möchte, um wieder Kraft zu tanken?

Manfred Faber, Geschäftsführer der HR-Consultants, begleitet das Thema aus einer sehr pragmatischen Sicht, nicht nur als jahrelang erfahrener Personalleiter,



M. Faber et al., *Erfolgreiche Einsätze von Interim-Managern im Personalwesen*, essentials, DOI 10.1007/978-3-658-15631-2_3

sondern auch als Vermittler von HR Interim-Managern. Einem Burn-out Kandidaten bzw. Gefährdeten sollte nach Fabers Erfahrung möglichst eine Perspektive angeboten werden, die ihm einen Ausstieg auf Zeit ermöglicht – und zwar ohne Gesichtsverlust und Kompetenzeinbußen. Das Angebot, diese Auszeit mit einem Interim-Manager zu überbrücken, rückt damit immer stärker in den Fokus, auch und besonders in führenden Personalfunktionen. Faber hierzu: „Wer besonders in Führungspositionen in der Personalabteilung ausgebrannt ist und langsam aber sicher in die typische Burn-out Falle schlittert, kann vor allem seine Kernkompetenz nicht mehr ausfüllen, nämlich für die Mitarbeiter da zu sein. Das ist für ihn hochgradig belastend. Alle Beteiligten haben jedoch ein großes Interesse und auch den Wunsch, diese Quelle wieder zum Fließen zu bringen. Um also wieder fit zu werden, benötigt es meist neben einer Therapie auch eine Auszeit – und zwar dergestalt, dass der Betroffene ruhigen Gewissens sich diese nehmen kann in dem Wissen, dass er – Stichwort: Sicherheitsaspekt – wieder auf seinen Platz mit seinen Kompetenzen zurückkommen kann. Zweitens – und hier spreche ich vom Beruhigungsaspekt – muss er wissen, dass durch seine Absenz sein Team nicht überlastet wird und die Abteilung weiterläuft. Ein Experte, der ihn für die Zeit ersetzt ohne seinen Job haben zu wollen, ist oftmals eine überzeugende Lösung für den Betroffenen, damit er loslassen kann. Besonders in diesen Fällen nutzt der Betroffene die Möglichkeit, den Interim-Manager mit auszuwählen, damit genau diese Vertrauensgrundlage von Anfang an gegeben ist."

Faber sieht aber noch einen weiteren Vorteil: Viele Burn-out Betroffene wollen bzw. sollen sich eher langsam – und damit sicher – in ihre Rolle am Ende ihrer Auszeit zurück begeben. Nur zu 25 %, Tendenz planvoll steigend, wieder anzufangen, passt wiederum zur Aufgabe eines Interim-Managers, der es gewohnt ist, sich schleichend aus einem Auftrag wieder zu entfernen. Zudem können nicht erwünschte, aber mögliche Rückfälle durch den flexiblen Einsatz des Interim-Managers erneut aufgefangen werden.

Das Tüpfelchen auf dem i? Faber verrät es gerne: „Dem Unternehmen entstehen keine Mehrkosten, denn für die Zeit des präventiven Sabbaticals erhält der Mitarbeiter kein Gehalt."

Schön und gut, aber was ist, wenn das „Kind schon in den Brunnen gefallen ist", sprich: der Personalmanager bereits in der Burn-out Falle sitzt? Das ist dann die leichteste Übung, man möchte sagen: der Klassiker für den Einsatz eines HR Interim-Managers: Die Übernahme einer plötzlich führungslosen Personalabteilung, die schon einige Zeit unter Führungsschwäche leidet – und das auf unbestimmte Zeit.

Das sind die Fälle, die Manfred Faber und das Team der HR-Consultants täglich auf dem Tisch haben – und lösen.

**Vorsorge oder Nachsorge:** Ein Interim-Manager – präventiv eingesetzt – kann dem Burn-out Gefährdeten helfen, rechtzeitig loszulassen und von sich aus eine Auszeit zu nehmen; im konkreten Burn-out Fall übernimmt er die Position bis zur Genesung.
**Ganz/halb/viertel – oder auf Zuruf:** Ein Interim-Manger ist so flexibel wie sein Ruf. Besonders in schleichenden Ausfall- oder Rückkehrzeiten, so wie in der Zeit der Abwesenheit des Burn-out Kandidaten arbeitet er genau dann, wenn er benötigt wird.
**Vertrauensperson:** Ein Interim-Manager kann vom Burn-out Kandidaten selbst ausgesucht werden. Das vermindert zusätzlichen Stress aus Angst vor Jobverlust.

Im Vordergrund steht die Ermutigung zur Auszeit und parallel die Vermeidung der Überlastung der verbleibenden Teammitglieder.

## 3.2 Das Thema Erschöpfungszustand ist durchaus ernst zu nehmen

Michaela Just ist seit über zehn Jahren Interim-Managerin im Personalwesen. In beinahe jedem Einsatz beobachtet sie inzwischen erschöpfte Kolleginnen und Kollegen. Doch wie können diese unterstützt werden bzw. wie können sie – ungern auf ihre momentane Schwäche angesprochen – dazu gebracht werden, etwas für sich zu tun?

Von den Eindrücken ihrer letzten Einsätze berichtet uns Michaela Just:

*Frau Just, Sie haben jüngst eine HR Managerin während ihres Ausfalls wegen Erschöpfung bereits zum zweiten Mal vertreten – werden Sie noch ein drittes Mal gerufen?*

Michaela Just: Dieser Einsatz bzw. diese Einsätze sind ein typisches Beispiel für einen sog. Burn-out Fall. Die Kollegin erkennt diesen bis heute für sich selbst nicht wirklich an, ändert nichts und fällt kurze Zeit später wieder aus. Ich hoffe vor allem für die Betroffene nicht, dass ich noch einmal gerufen werde, aber das Beispiel zeigt wie wichtig es eigentlich ist, offen mit den Kolleginnen und Kollegen zu sprechen, wenn Erschöpfungszustände erkannt werden bzw. wenn ein solcher vermutet wird.

*Ist Burn-out Ihrer Meinung nach nur eine Modeerscheinung? Ein Beraterthema? Oder eine ernstzunehmende Herausforderung unserer Tage, mit der wir uns als Gesellschaft auseinandersetzen müssen?*

Michaela Just: Das Thema Erschöpfungszustand ist durchaus ernst zu nehmen. Als Gesellschaft müssen wir uns schon deshalb damit beschäftigen, weil sich aus meiner direkten Beobachtung und Erfahrung als Coach heraus im Falle einer Erschöpfung berufliches und privates nicht trennen lassen. Selten ist ein sog. Burn-out Kandidat nur aufgrund des beruflichen Drucks erschöpft. Dass aber unsere ständige Erreichbarkeit in besonderem Maße dazu beiträgt ist kaum zu bestreiten. Nicht umsonst unterbinden vor allem große Unternehmen zunehmend diese Erreichbarkeit technisch am Abend und an den Wochenenden. Und auch der jüngst aus dem Arbeitsministerium initiierte Appell zielt darauf ab.

Trotzdem wird mit der permanenten Erreichbarkeit – oder auch „nur" einem ständigen Stand-by Modus – Druck erzeugt. Lange Arbeitszeiten und schnelles Antworten gelten als Kompetenz, während das Warten bis zum nächstmöglichen Zeitpunkt als problematisch gewertet wird. Und fängt man an, ständig und schnell zu antworten oder zu agieren, so fördert das eine hohe Erwartungshaltung – ein Kreislauf baut sich auf.

Alle ehemaligen Burn-out Kandidaten, die ich kenne und die sich therapeutische Unterstützung gesucht haben, erkennen inzwischen wieder den Unterschied zwischen echtem Notfall und völlig regulären Anfragen, ohne deren sofortige Antwort sich die Welt weiter dreht. Ein wichtiger privater Termin erhält dann wieder Priorität, ohne dass das schlechte Gewissen einen wie ein Schatten begleitet. Entsprechend müsste die Antwort auf technische Möglichkeiten lauten statt diese blind zu nutzen. Leider finden sich unter den Führungskräften nur wenige, die danach leben und ihre Mitarbeiter dazu anhalten, diese Einstellung (wieder) zu erlernen. Leistungs- und Erwartungshaltung sind vielmehr unglaublich hoch geworden.

*Um auf Ihren konkreten Burn-out Vertretungsfall zurückzukommen: Wann wurden Sie gerufen und von wem?*

Michaela Just: In meinem Fall war es die Geschäftsleitung, die mich angefordert hat. Da war die Stelleninhaberin bereits einige Wochen in der Auszeit und die Abteilung nicht besetzt.

*Wir thematisieren hier einen Lösungsansatz, potentielle Burn-out Kandidaten frühzeitig mit Interim-Managern zu ersetzen, so dass sie erst gar nicht bis zur „Schmerzgrenze" durchhalten, sondern schon vorher einen Ausweg erkennen und die Möglichkeit an die Hand bekommen, sich zeitweise auszuklinken. Kann Interim-Management hierfür eine Option sein?*

Michaela Just: Ein Interim-Manager in diesem Sinne ist die praktische Lösung, den Ersatz zu gestalten, aber nicht die Lösung, die dem individuell Betroffenen hilft, wieder zu sich selbst zu finden – den Weg muss er alleine – bzw. besser sogar – mit einem Therapeuten oder Coach gehen. Mit Interim-Management wird dem Betroffenen eine kompetente Option der Vertretung angeboten, so dass er keinen vermeintlichen Gesichts- oder gar Stellenverlust fürchten muss. Mit solch einer Strategie hat der bzw. die Personalleiter/in eine sehr gute Möglichkeit, sich für eine Zeit zurückzuziehen, um Kraft zu tanken aber vor allem, um sich über Prioritäten, beruflich und privat, im Klaren zu werden.

Der Interim-Manager kann jedoch nicht die Initiative für einen Einsatz übernehmen, sprich: es geht kein Weg daran vorbei, potentiell gefährdete Kollegen aufmerksam zu machen, sie so behutsam wie direkt auf ihren Zustand anzusprechen. Und das ist die Offenheit, die ich vorhin angesprochen habe. Hier ist meines Erachtens die jeweilige Geschäftsführung gefordert, sich entsprechend mit der Führungskraft auseinander zu setzen und ihnen Möglichkeiten einer Auszeit anzubieten.

*Sie haben es gerade durchgemacht, was passiert, wenn jemand sich selbst nicht eingesteht, dass er gefährdet ist und auch sonst sich niemand um die Person kümmert ...*

Michaela Just: Ein Kreislauf aus Rückzug, Wiederkommen und kurze Zeit später wieder ausfallen. In dem Moment hatte das Unternehmen Glück, dass ich zeitnah wieder einspringen konnte, weil gerade ein Auftrag auslief, so dass eine Art von Kontinuität gewährleistet war. Wir haben auch gemeinsam versucht, die Stelle neu auszurichten, um der Kollegin nicht nur den Wiedereinstieg, sondern auch ihr künftiges Aufgabengebiet zu erleichtern.

Der Fall verdeutlicht insgesamt, wie schwierig es ist, einen Betroffenen anzusprechen. Ob das jemand aus dem Team ist, die Geschäftsleitung, jemand aus dem Gesundheitsmanagement oder ein externer Therapeut, muss im Einzelfall entschieden werden. In dem Moment ist es durchaus wichtig, dem Betroffenen einen Lösungsweg aufzeichnen zu können.

*Sie haben nun diesen Burn-out Fall begleitet und die Anfragen derartiger Fälle nehmen zu. Haben Sie nicht selbst die Befürchtung – besonders als Selbständige – in eine Burn-out Falle zu geraten?*

Michaela Just: Als Selbständige ist man zwar immer wieder stark unter Druck, verfügt aber über Auszeiten, in denen man sich um sich selbst kümmern kann. Das nutze ich und sehe es als Vorteil an. Insgesamt fällt es uns leichter, uns von internen „Zwischenmenscheleien" zu distanzieren und den Druck nicht so nah an uns ranzulassen. Das ist zum einen Erfahrung, zum anderen unserer begrenzten Einsatzzeit geschuldet.

Insofern auch immer die Beruhigung an all diejenigen, die auf unsere „Spezies“ zurückgreifen wollen: Nein, wir wollen nicht übernommen werden!

## 3.3 Das sogenannte „Finden einer internen Lösung“ meint meist „Überlastung der Übriggebliebenen“

Herr Kerscher, ein Kollege mit einer Schlüssel- oder gar Führungsposition ist in der Personalabteilung ausgefallen. Man denkt über Ersatz nach, meint aber dann doch, man habe eine sogenannte „interne Lösung“ gefunden – was denken Sie in dem Moment?

Christof Kerscher: Ich kenne kaum Personalabteilungen, die in unseren Zeiten der „schlanken Strukturen“ noch über derartige personelle Überkapazitäten verfügen, dass die Arbeit eines führenden Teammitglieds – neben den sowieso üblichen Urlaubs- und Krankheitsfällen – längerfristig unbeschwert mit abgedeckt werden kann. Anders gesagt: Das Thema Burn-out kommt nicht von ungefähr. Und auch, wenn es gerade in Mode ist, so ist es ein Posten auf der Rechnung, die wir für eben diese „schlanken Strukturen“ bezahlen. Eine interne Lösung ist möglicherweise sogar machbar, aber was, wenn Sonderprojekte hinzukommen? Was, wenn noch ein Kollege ausfällt, die Kollegin schwanger wird, ein anderer unerwartet kündigt? Genau dieses „wenn“ wird gerne verdrängt. Das Ergebnis ist die Überlastung der Abteilung, was Demotivation, schlechtere Leistung und Krankheit im weitesten Sinne zur Folge hat.

Nicht jedes Unternehmen möchte – besonders nicht in der Personalabteilung – gleich einen Externen hinzuziehen…

Christof Kerscher: Flexible Arbeitsformen wie das Thema Interim-Management sind aber genau der Puffer, den die „schlanken Strukturen“ benötigen, um auch in Notfällen weiter zu funktionieren – und sind deshalb immer notwendiger geworden.

Mir liegt vor allem am Herzen mit den vielen Möglichkeiten, die der Einsatz eines Interim-Managers bietet, kreativ umzugehen. Denn natürlich kann er quasi als Klon des Abwesenden eingesetzt werden und eins-zu-eins dessen Aufgaben übernehmen. Genauso gut können „nur“ Projekte übernommen werden, denken Sie zum Beispiel an das Thema Personalbeschaffung, das immer aufwendiger wird und gleichzeitig immer weniger vernachlässigbar ist. Und nicht nur hinsichtlich der Aufgabe kann gespielt werden. Ebenso gibt es für die Einsatzzeiten zwischen der „internen Lösung“, also dem Komplettverzicht auf Unterstützung, und dem vollständigen Ersatz zig Ideen und jede Menge Flexibilität. So arbeiten einige unserer Interim-Manager beispielsweise nur an zwei oder drei Tagen pro Woche bei einem Kunden.

Kommen wir noch einmal zum konkreten Burn-out Fall. Wann entscheide ich als Unternehmen, einen Interim-Manager in meine Personalabteilung zu nehmen?

Christof Kerscher: Das kommt darauf an: Ist ein Teammitglied in Ihrer Personalabteilung Burn-out gefährdet, so kann mit dem Vorschlag, durch einen Interim-Manager Entlastung zu schaffen, ein Rückzugsweg für den Betroffenen geebnet werden. Der ermöglicht es ihm wieder Kraft zu tanken in dem Wissen, dass er, ganz oder zum Teil, kompetent und oftmals gar partnerschaftlich ersetzt wird. Denn ob es gut ist oder nicht, aber meist bleiben diejenigen, die eigentlich abschalten sollten, noch eine ganze Zeit mit dem Interim-Manager in Kontakt.

Ist der Kollege bereits wegen Überlastung ausgefallen, dann besteht durch einen Interim-Manager die Möglichkeit jemanden kurzfristig – und wiederum in Teilen oder ganz – vorübergehend ins Team zu holen. Interessant ist es in jedem Fall, sich die vielen Möglichkeiten einmal durch den Kopf gehen zu lassen, so dass bei Bedarf rasch gehandelt werden kann.

# Fokus Entscheidungen: Lasst die Würfel fallen! 4

## 4.1 „Wir benötigen, wir benötigen nicht, wir benötigen, wir benötigen nicht"

Die Juristin Gabriele Schmitz ist seit 1998 als Interim-Managerin im Human Resources tätig. Sie hat Personalleiter mit globaler Verantwortung auf Zeit ebenso ersetzt wie Betriebsschließungen durchgeführt. Wie geht sie als Personalmanagerin und Unternehmerin mit dem Thema „Entscheidungen" um?

*Die Eingangsfrage beim Treffen mit Gabriele Schmitz zielt in Richtung „Entscheidungen als Interim-Manager vorbereiten oder auch treffen" – Ist das etwas Besonderes oder Routine? Wie eigenständig sollte man sein, wie viel Rücksicht nehmen? Wie viel Verantwortung muss man übernehmen?*

Die Antwort lässt es erahnen: „Natürlich übernehme ich immer wieder die Rolle der Spaßbremse. Besonders unpopuläre Entscheidungen durch den Externen verlauten zu lassen wird zum Teil explizit gewollt. Das tue ich, wenn ich die Entscheidung vertreten kann." Gabriele Schmitz sieht sich aber auch in der Funktion der Beraterin wenn sie aufgrund ihrer Erfahrung weiß, dass Entscheidungen negative Folgen haben können. Als bei einem ihrer Einsätze „Administration" im Sinne des Business Partner Modells so weit definiert werden sollte, dass sogar das Gesundheitsmanagement darunter fallen und ausgelagert würde, stellte Frau Schmitz sich quer: „In dem Moment sehe ich es als meine Aufgabe, mich gegen ein Vorhaben zu stellen, wenn ich der Überzeugung bin, dass es nicht funktionieren wird. Sicherlich muss ich das auch vertreten können, aber darin sehe ich nicht nur einen Vorteil meiner Rolle, sondern auch den Grad Verantwortung, der mir als Interim-Manager übertragen wird."



M. Faber et al., *Erfolgreiche Einsätze von Interim-Managern im Personalwesen*, essentials, DOI 10.1007/978-3-658-15631-2_4

Gabriele Schmitz möchte das Thema Entscheidungen aber nicht nur im Rahmen eines Einsatzes angesprochen wissen, sondern auch in der Rolle des Unternehmers, die ein Interim-Manager parallel mit innehat: „Als Interim-Manager muss ich bei jeder Anfrage die Entscheidung treffen, ob ich für den Auftrag geeignet bin. Diese Entscheidung kann durchaus existentiell sein". In diesem Sinne schult Frau Schmitz in Workshops angehende Interim-Manager. „Traut Euch im ersten Einsatz nicht zu viel zu, versucht das eigene Können realistisch einzuschätzen, um dann im Einsatz Euch selbst zu beobachten, wie Ihr im fremden Umfeld agiert – was bin ich für ein Typ? Starte ich lieber alleine oder suche ich mir vom ersten Tag an Verbündete? In welchen Themen bin ich besonders gut? Mein Appell lautet: Bleibt am Anfang bei dem, was Ihr besonders gut könnt." Wobei sie die Betonung auf „am Anfang" legt. Sie kennt die Anfragen der Kundenunternehmen, die zwar großen Wert auf profunde Branchenkenntnisse legen, aber gepaart mit dem Wunsch, doch bitte nicht bereits beim Wettbewerber einen Einsatz absolviert zu haben. Frau Schmitz schmunzelt hierbei. Ihre Motivation, Interim-Manager zu schulen, rührt zusätzlich aus der Erfahrung, dass Kollegen auch mal scheitern, weil sie sich übernehmen: „Wer lange ohne Auftrag war, der nimmt auch mal einen Job an, in dem er eigentlich nicht sattelfest ist. Das darf aber nicht sein. Punkt."

Gabriele Schmitz selbst hat es da inzwischen leichter. Sie entschied sich für den Weg, ihre Kompetenzen interimistisch einzusetzen zu einer Zeit, als sie ihren Beruf noch erklären musste und sie von einem befreundeten Geschäftsführer gar den kollegialen Rat bekam, doch lieber „etwas richtiges" zu machen. Doch so gut sie auch im Geschäft ist und manchmal zu viel als zu wenige Anfragen erhält, so begegnet auch ihr immer wieder mangelnde Entscheidungsfreude. Umso wichtiger ist neben einem perfekt funktionierenden Netzwerk die Geduld: „Ich habe gerade eine Anfrage eines Unternehmens, denen ich vor fünf Jahren ein Konzept für einen Einsatz auf Zeit in ihrer Personalabteilung vorgelegt habe. Inzwischen gab es mehrere Festangestellte und nun wurde mein Profil wieder aus der Schublade geholt. Ich will damit nicht sagen, dass es grundsätzlich besser ist, einen Interim-Manager an Bord zu holen, aber in manchen Konstellationen macht es einfach Sinn. Sonst würde ich den Kunden auch nicht darauf bringen." Fünf Jahre „Wartezeit" vom ersten Mandantenkontakt bis zum Auftrag sind aber längst nicht das Maximum: Ein Manager aus einem ihrer ersten Einsätze war inzwischen Geschäftsführer geworden und erinnerte sich an sie. Dazwischen lagen zehn Jahre … – Glück und Geduld paaren sich nicht selten.

Um das Unternehmen vor Beginn des Auftrages richtig zu beraten oder ein Konzept zu erstellen, betreibt Frau Schmitz ein möglichst gutes Erwartungsmanagement. Sie betont das Wort „möglichst“ deshalb, weil die Auftraggeber sich manchmal selbst nicht einig sind, welche Aufgaben sie ihr übertragen wollen. Gabriele Schmitz beobachtet auch, dass ein Einsatz nicht optimal geplant wird. „Ein gutes Beispiel ist die Einführung eines neuen HR-Tools. Das bindet Manpower und das ‚Daily Business‘ leidet schnell darunter. In dem Fall wird durchaus die Entscheidung nach externer Verstärkung getroffen. Nur leider dann um die Einführung zu unterstützen. Das System muss aber an die ureigenen Unternehmensstrukturen angepasst werden. Es muss folglich von den internen Managern begleitet werden, denn es ist deren künftiges Arbeitstool. Die logische Entscheidung ist also, dem Interim-Manager das Alltags-Business zu übergeben, während der Manager mit Mitarbeitern das Projekt voranbringt – denn je besser das implementiert ist, desto besser kann später damit gearbeitet werden.“

*Gehen wir aber noch einmal einen Schritt zurück und fragen, warum sich HR nicht immer leicht mit der Entscheidung tut, zeitlich befristete Kapazitäten in die Abteilung zu holen, denn grundsätzlich wurden die Bereiche HR und Finance in den Unternehmen in den letzten Jahren enorm zusammengestrichen.* Überkapazitäten gibt es besonders im Personalmanagement eher nicht mehr. Es ist daher nicht verwunderlich, dass es bei Engpässen, Projekten oder Ausfällen rasch zu Überlastungen kommt. Und dennoch: „Viele meinen, dass es ein Makel ist, wenn sie externe Verstärkung in Betracht ziehen“. Dabei ist der Druck so hoch, dass eine Anfrage nach Unterstützung schon mehr einem SOS gleich kommt. „Das hat schon irgendwie etwas mit Scham zu tun, denn oft darf ich nicht einmal meine Auftraggeber als Referenzen angeben. Zwar öffnet sich der Bereich immer weiter, denn Erfolgsstorys werden als Reportagen in Funk und Fernsehen vermehrt gezeigt – besonders auch die von KMUs. Dadurch verstärkt nimmt auch die öffentliche Akzeptanz zu beziehungsweise wird es zunehmend normal, dass Externe in HR zu finden sind. Gerade auch von Dritten wie z. B. Banken wird inzwischen in bestimmten Situationen auf den Einsatz eines Interim-Managers auch mal gedrängt.“

*Hört sie noch das alte Argument von den so sensiblen Daten der Mitarbeiter, die per se einen Einsatz von Externen in der Personalabteilung nicht erlauben?* „In Zeiten in denen vermehrt Gehaltsabrechnungen global ausgelagert werden? Wohl kaum!“

*Nun aber noch einmal: Wenn die Hinzuziehung eines Interim-Managers aufgrund der (zu) schlanken Strukturen im HR kaum etwas mit mangelnder Kompetenz in der Abteilung, sondern mit Überlastung zu tun hat und wenn der ehemals heilige Gral Personalabteilung inzwischen enthüllt ist – welches Argument macht dann die Entscheidung, sich Unterstützung zu holen, so schwer?*

„Das Kostenargument! Nur rechnet kaum einer ein Scheitern dagegen. Denn was passiert denn, wenn ich mir keine Unterstützung hole? Bleibe ich trotzdem erfolgreich und habe gleichzeitig weiterhin motivierte Mitarbeiter, dann war der Ruf nach Unterstützung auch nicht gerechtfertigt. Muss ich ehrlicherweise eines von beidem verneinen, dann entscheide ich mit einem externen Mitarbeiter auf Zeit für die Organisation und vor allem auch für die eigenen Mitarbeiter. Und das ist in jedem Fall in Summe günstiger".

*Eine Frage zum Schluss, Frau Schmitz: Was war Ihr schönster Einsatz?* „Eine sehr schwierige Frage. Sicherlich war es eine besonders herausfordernde Aufgabe, eine Unternehmensschließung ohne Klagen alleinverantwortlich über die Bühne zu bringen. Aber wenn Sie nach „schön" fragen: Ich hatte den Auftrag von der internationalen HR Managerin, zwei junge Personalleiterinnen in ihre neue Aufgabe zu begleiten, zu coachen und Shadow Management zu betreiben. Das war nicht nur eine schöne Aufgabe, sondern diese Betreuung der beiden jungen Führungskräfte war seitens des Unternehmens besonders klug und hat sich meines Erachtens gerechnet, denn sie wurden auf schwierige Herausforderungen individuell vorbereitet. Bei aller Seltenheit mag die Entscheidung für diesen präventiven Einsatz – besonders nach all den rigiden Einsparungen der letzten Jahre – vielleicht auch ein Trend sein. Nämlich in dem Sinne, dass Unternehmen nicht mehr ständig die Luft anhalten, sondern – wie ursprünglich bei der Schaffung straffer Strukturen vorgesehen – auch wirklich tief und entspannt atmen."

## 4.2 Am Anfang war der Bedarf?

Christof Kerscher kann sich über die Anzahl an Anfragen nicht beschweren. Das Telefon klingelt häufig, die Nachfrage nach Interim-Managern für Projekte oder zur Überbrückung im Personal ist hoch. Aber … – die meisten Anfragen verlaufen im Sande. Warum ist das so?

Christof Kerscher: Fehlende Zeit seitens des Auftraggebers, sich mit seiner Anfrage weiter zu beschäftigen, fehlendes Budget, was meist erst bemerkt wird, wenn der Prozess ins Rollen gebracht wurde und/oder fehlendes Feedback derjenigen, die in die Entscheidung involviert sind, dass jemand auf Zeit an Bord geholt werden soll oder dann bei der konkreten Auswahl mitbestimmen wollen oder sollen. Die Leidtragenden sind nicht nur diejenigen, die sich auf die Suche gemacht haben, damit Verstärkung an Bord kommt und dafür entweder ihr eigenes Netzwerk angestoßen oder mit einem Provider wie uns in Kontakt getreten sind. Es trifft vor allem diejenigen, die weiter unter einer zusätzlichen Arbeitsbelastung arbeiten müssen, weil ein Ausfall – Burn-out eines Kollegen, Schwangerschaft einer Kollegin – kompensiert werden muss. Oder es trifft gar die Entwicklung der Organisation insgesamt, wenn wichtige Projekte nicht durchgeführt werden.

Was ist schlimmer: Wenn Entscheidungen ständig verschoben werden oder wenn kein Geld da ist, um eine zusätzliche Arbeitskraft bzw. spezifisches Know-how an Bord zu holen?

Christof Kerscher: Das ist sicherlich eine Frage des Einzelfalls, aber rückblickend darf die Antwort nicht lauten: Die Kosteneinsparung hat sehr viel teurere Folgen gehabt. Oder auch: Weil wir niemanden kurzfristig mit dazu geholt haben, sind weitere Mitarbeiter wegen Überlastung krank geworden oder gar gegangen – Stichwort: Milchmädchenrechnung.

Und was raten Sie um eine Entscheidung treffen zu können?

Christof Kerscher: Da hat jeder seine eigene Methode. Ich gehe gerne nach dem Ampelprinzip vor: Ein Beispiel: Benötige ich jemanden? Bei Bejahung fahre ich los und hole mir Informationen zu den verschiedenen Alternativen ein. Mit jeder Alternative fahre ich dann zur nächsten Ampel: Suche ich jemanden aushilfsweise zur Unterstützung, so schaltet sich die Zeitarbeits-Ampel auf Grün. Suche ich jemanden, der ein Projekt verantworten soll oder den Personalleiter für einige Wochen oder Monate ersetzt, so schaltet sich die Ampel für einen Interim-Manager auf Grün. Dann fahre ich weiter und frage nach den Kosten. Sind diese definitiv zu hoch, so schaltet die Ampel auf Rot und ich muss stehen bleiben, sofern ich nicht von der Dringlichkeit überzeugen kann. Finde ich einen Weg zur Finanzierung, so fahre ich wieder weiter und sehe mich nach geeigneten Kandidaten um. Wir, die HR-Consultants, sehen uns übrigens nicht nur als Provider, sondern als Partner und beraten in den verschiedenen Ampelphasen gerne unverbindlich und unterstützen, wenn die Farbe der Ampel gerade nicht klar ist. Nicht immer steckt hinter der ersten Idee, eine externe Unterstützung anzufordern, auch die richtige Lösung. Darauf weisen wir dann hin. In jedem Fall hilft der Dialog unseren Mandanten im Entscheidungsprozess sehr – und darauf kommt es uns an.

# 5 Hinter jedem Projekt steckt ein Change!

## 5.1 Von HR-Projekten und ihren Change-Begleiterscheinungen

Wenn Manfred Faber gefragt wird, wie viel Prozent eines Projektmandats eines Interim-Managers auf das Thema Change Management entfallen, schmunzelt er: „Viel! Sehr viel! Weit mehr als die Hälfte …“, fügt aber sogleich hinzu: „Das ist aber vielen nicht bewusst.“

Hinter seiner Aussage steckt die schlichte, aber selten angesprochene Tatsache, dass jedes Projekt grundsätzlich mit einer mehr oder weniger großen Veränderung der Organisation verbunden ist. Und für die HR Interim-Manager, die von Manfred Faber vermittelt werden, bedeutet das: Jedes Mal, wenn sie ein Mandat für eine klassische Projektarbeit übernehmen – beispielsweise die Veränderung der Vergütungsstruktur oder ein an Zahlen gemessener relevanter Personalabbau – ist es zu kurz gegriffen, wenn das Projektmanagement sich rein auf die fachliche Umsetzung beschränkt. Vielmehr müssen die Veränderungen, die mit dem Projekt einhergehen, an die Mitarbeiter kommuniziert und sie auf die Neuerungen vorbereitet werden.

Doch wer ist für diesen „weichen“ Teil eines Projekts zuständig? Ist es Sache des Interim-Managers, die Mannschaft auf die Veränderungen einzuschwören? Welche konkrete Leistung kauft sich das Management eines Unternehmens ein,



M. Faber et al., *Erfolgreiche Einsätze von Interim-Managern im Personalwesen*, essentials, DOI 10.1007/978-3-658-15631-2_5

wenn es einen fachlichen HR-Projektspezialisten ins Haus holt? Wer kommuniziert den Change für die Organisation, den das Projekt mit sich bringt?

Manfred Faber zeigt das Idealbild auf: „Die Organisation auf die Veränderungen vorzubereiten und zu begleiten ist grundsätzlich Sache des Managements, sprich: der Geschäftsleitung, des Personalmanagements und/oder der Vorgesetzten. Gleichzeitig beschränkt sich die Aufgabe des Interim-Managers aber nicht auf die rein fachliche Umsetzung, sondern auf die Beratung des Managements für den Change Prozess. Das heißt: Der Interim-Manager sollte zwar grundsätzlich nicht das Gesicht des Changes sein, aber der Kopf."

Doch an der Stelle, so Faber weiter, glauben immer wieder die im Unternehmen Verantwortlichen, dass sie mit dem Interim-Mandat auch diesen, oftmals mit schwieriger Kommunikation verhafteten Teil des Projekts mit einkaufen. Das mag vermeintlich einfacher sein, wirkt sich aber für den Projektverlauf belastend aus, da die Veränderung von den Mitarbeitern schlicht nicht angenommen wird. Warum auch, wenn scheinbar nicht einmal das Management dahinter steht respektive für so wenig relevant hält, dass von ihm wenig bis nichts zu hören ist?

„Dieser Eindruck muss unbedingt vermieden werden", so Faber. „Der Interim-Manager sollte nur in gut begründeten Ausnahmefällen für die Veränderung stehen und auch dann kommt das Management nicht an einer transparenten Zielsetzung vorbei. Nichts blockiert einen Change so sehr wie das Misstrauen, dass sich mehr dahinter verbirgt, als zugegeben wird. Das beeinträchtigt auch erheblich die Zusammenarbeit mit dem Interim-Manager".

Eine andere Aufgabe indes übernimmt der Interim-Manager gerne: die des „Kummerkastens". Sicherlich wird Kritik, Unmut, Ärger und auch Zorn, der von der Veränderung her rührt, seitens der Mitarbeiter eher zum unabhängigen Dritten, also dem Externen getragen. Die Zeit, in dem Moment zuzuhören, gar mitzufühlen, Mut zuzusprechen und motivierend einzuwirken, sollte sich jeder Interim-Manager nehmen. Sie ist zu einem nicht unerheblichen Teil mitverantwortlich für das Gelingen eines Projekts, denn oft genügt es, wenn ein Mitarbeiter sich einfach mal das Herz ausschütten kann.

Was kann von einem Interim-Manager, der ein Mandat für ein Projekt erhält, erwartet werden?

- Die Fach-Expertise, damit das Projekt zielsicher umgesetzt werden kann.
- Die Change Management Expertise, damit das Management einen Berater und einen Umsetzer an seiner Seite hat, um die Veränderungen, die das Projekt mit sich bringt, in die Organisation zu tragen und zu verankern.
- Die „Kummerkasten-Expertise", damit die Mitarbeiter jemanden haben, an den sie sich mit ihren individuellen Fragen und Befürchtungen wenden können.

## 5.2 Hinter jedem (Interim-)Projekt steckt ein Change – aber ist das auch jedem bewusst?

Es gibt, grob gesagt, zwei Fälle, in denen ein Interim-Manager gerufen wird: Zum einen der berühmte Bandscheibenvorfall oder die Schwangerschaft – sprich: klassische Überbrückungen. Der Interim-Manager verantwortet den Aufgabenbereich eins zu eins bis zur Rückkehr desjenigen, der ausgefallen ist.

In den anderen Fällen wird ein Interim-Manager für Projekte gerufen – ein eher klassischer Fall von Know-how-Einkauf. Im Personalmanagement sind das oftmals der Aufbau neuer Vergütungsstrukturen, die Einführung einer neuen HR-Software oder auch ein großes Rekrutierungsprojekt bzw. der umgekehrte Fall eines Personalabbaus.

Doch das Projekt als solches ist eher die Pflicht. Die Kür erfolgt meist erst, wenn es dem Interim-Manager gelingt, Bewusstsein für das Projekt zu schaffen und die Betroffenen dafür zu gewinnen. Anders gesagt: Hinter jedem (Interim-) Projekt steckt ein Change – aber ist das auch jedem bewusst?

Heidi Hofer hat in ihrer Zeit als Interim-Managerin ihr Know-how als langjährige Personalmanagerin besonders in mittelständischen Unternehmen eingebracht, dort beraten, aber vor allem wurde sie auch für Projekte angeheuert.

*Wir möchten wissen: Wie ist Ihre generelle Erfahrung mit dem Thema Change im Mittelstand?*

Heidi Hofer: Ich selbst komme aus internationalen Konzernen, die von einem konstanten Wachstum mit entsprechenden ständigen Veränderungen geprägt waren. Change in jeglicher Form war da immer präsent und akzeptiert und sogar in der Kultur verankert. Wenn ich jetzt im Gegensatz dazu die letzten drei Jahre betrachte, in denen ich als Interim-Managerin überwiegend für den Mittelstand gearbeitet habe, so mache ich nun die Erfahrung, dass Veränderungen viel seltener aktiv gesteuert werden und es wesentlich weniger Praxis im Umgang mit Change-Prozessen gibt. Was ein echter Change bedeutet, wird daher oft von den Firmen unterschätzt und bisweilen schaut man gar in ahnungslose Gesichter, wenn man von Change Management spricht – schon wieder so ein Modebegriff.

Ich achte daher im Vorfeld eines Projekts sehr darauf die notwendige Aufklärungsarbeit zu leisten. Jedes Projekt bringt Veränderungen, bei denen sich der ein oder andere düpiert fühlt, wo neue Abläufe und Fähigkeiten gelernt werden müssen und oft vieles im Prozess noch unklar ist. Mitarbeiter müssen mit ins Boot genommen werden und es ist die Aufgabe der Geschäftsleitung und der Führungskräfte das regelmäßig zu kommunizieren. Und meine Aufgabe ist es, sie dabei zu unterstützen.

*HR-Consultants: Welche Projekte haben Sie beispielsweise übernommen und wo lag dabei die wesentliche Veränderung?*

Heidi Hofer: Eine meiner Aufgaben lautet beispielsweise eine Personalabteilung zu schaffen, wo HR bisher meist nur „irgendwie" erledigt wurde – zumindest ohne professionelle HR Prozesse und ohne HR Strategie. Das Vorhaben, das Personalwesen als strategisches Thema anzuerkennen und ihm so einen wichtigen Stellenwert im Unternehmen einzuräumen ist kurz-, mittel- und langfristig ein großer Gewinn. Damit diese neue Position sich aber auch erfolgreich etablieren kann ist es wichtig, diesen Change Prozess sehr detailliert mit der Geschäftsleitung zu diskutieren und vor allem den Führungskräften und Mitarbeitern die neue Rolle von HR zu vermitteln. Oft macht es Sinn, Schulungen anzubieten in denen diese neuen Prozesse erklärt werden: Wie funktioniert eine Personalplanung, wie führt man Zielvereinbarungs- und Mitarbeitergespräche, wie läuft ein 360 Grad Feedback ab. Mit diesen klaren Strukturen passiert immer weniger auf Zuruf und damit steigt die Qualität der HR Arbeit deutlich. Den Mehrwert habe ich schon oft in Unternehmen miterleben dürfen und auch die Führungskräfte sind nach anfänglicher Skepsis froh, dass es einen Prozess gibt und sie von nun an einen Partner an ihrer Seite haben, der sie in HR Fragen begleitet und berät.

*HR-Consultants: Voraussetzung für ein erfolgreiches Projekt, das von einem Interim-Manger ausgeführt wird, ist also nicht nur seine Expertise. Grundvoraussetzung ist vielmehr, dass das Projekt weit über den Sachverstand gemanagt wird, dass ein Change-Prozess aufgesetzt und dass dieser geleitet und ganz allgemein gesprochen, man sich seiner Bedeutung bewusst wird – kann man das so sagen?*

Heidi Hofer: Richtig. Es geht nie nur um das Projekt als solches. Es geht auch darum, dass die Fragen der Mitarbeiter dazu ernst genommen und beantwortet werden. Und dass Bereitschaft für das Projekt entsteht. Jedem Verantwortlichen muss bewusst sein, dass sich hinter den Veränderungen, die das Projekt unweigerlich mit sich zieht, individuelle Befindlichkeiten stecken: Wird die neue Software nun endlich eingeführt, hört man aus den Büros das Raunen, dass die alte viel besser war – auch, wenn zwei Wochen vorher noch der permanente Vorwurf im Raum stand, sie sei völlig antiquiert. Und wird ein neues Vergütungssystem eingeführt, so entfacht das oftmals existentielle Ängste, besonders, wenn nicht klar ist, mit welchen Zielvorgaben es einhergeht: Muss der Mitarbeiter nun mehr tun, um seinen Bonus zu bekommen? Ändert sich das Grundgehalt?

*HR-Consultants: Sie zeigen auch in eine andere Richtung, nämlich auf sich selbst und Ihre Interim-Manager Kollegen und appellieren, sich der Change-Aufgabe hinter den Projekten bewusst zu sein und das Projekt ganzheitlich zu sehen. Welchen Rat möchten Sie an der Stelle geben?*

Heidi Hofer: Lassen Sie mich aufzeigen, wie meine Vorgehensweise ist: Zu Beginn besteht meine Aufgabe darin Fragen zu stellen. Denn zuallererst muss ich den Ist-Zustand erkennen, das ideale Ziel verstehen, um dann die Mannschaft abholen zu können. Wie ist der Wissensstand im Unternehmen bezüglich des Projekts und seinen Auswirkungen? Wo genau hakt es? Wenn ich dann mit den Einzelnen spreche, merke ich schnell, ob sie bereit sind mitzuziehen oder nicht. Wenn sie ablehnen, dann muss ich rausfinden, ob sie das Thema insgesamt ablehnen oder ob sie abblocken, weil sie nicht wissen, um was es geht.

Zudem fängt jedes Projekt erst einmal damit an, dass die Rollen geklärt werden, auch meine als Externe. Ich muss wissen welche Erwartungshaltungen an mich gestellt werden.

Und vor allem ist es meine Aufgabe, die Geschäftsleitung zu beraten und zu begleiten. Ich bereite mit ihr beispielsweise die Ziele und die Zeitplanung vor, ebenso die Kommunikation für das Projekt. Wir entscheiden zusammen, was in der nächsten Betriebsversammlung verkündet werden soll und muss. Da gebe ich klare Empfehlungen und erfahrungsgemäß ist die Geschäftsleitung dafür sehr dankbar. Nicht jeder Geschäftsführer hat jahrelange Change Erfahrung und genau dafür bin ich mit meinem Wissen da.

*HR-Consultants: Change ist sicherlich eine der schwierigsten Aufgaben und wer ahnt, dass hinter einem Projekt nun auch noch ein derartig komplexer Change-Prozess steht, der mag möglicherweise nicht alles im Vorfeld besprechen …*

Heidi Hofer: … davor sollte man keinesfalls zurückschrecken, auch, wenn es zu Beginn sicherlich eine undankbare Aufgabe ist, die Vielschichtigkeit eines Einsatzes zu besprechen und auf die ein oder andere sicherlich kommende Herausforderung zu verweisen. Aber in dem Moment, in dem man als Interim-Manager diese klar aufzeigen kann und auch die Kompetenz vermittelt, dass man diese zu meistern gewohnt ist, sehe ich immer wieder, dass der Auftraggeber eher dankbar ist.

Veränderungen müssen aktiv gemanagt werden, sonst geht vieles schlicht kaputt. Ziele werden so nicht erreicht und die Mannschaft wird durch ein grundsätzlich gut erdachtes Projekt zermürbt. Das alles kostet sehr viel Geld und Vertrauen. Die Investition in einen Change Experten ist insgesamt deutlich billiger und sorgt für einen professionellen Ablauf im Projekt. Damit sind am Ende beide glücklich, Mitarbeiter und Geschäftsleitung.

## 5.3 „Aber der kennt uns doch gar nicht!"

Herr Kerscher: Die Furcht vor dem Unbekannten bestand schon immer. Wie häufig wird sie Ihnen gegenüber in Bezug auf den Einsatz von Interim-Managern kommuniziert mit dem Argument: „Der kennt unsere Organisation doch gar nicht und möchte nun in den innersten Strukturen mitarbeiten, gar Änderungen durchführen…?"

Christof Kerscher: Das ist sicherlich das häufigste Argument, dem wir bzw. unsere Interim-Manager begegnen. Ganz besonders in unserem Bereich, dem Personalmanagement, also dem gemeinhin sensibelsten des Unternehmens.

Dieses Thema betrifft aber jeden, der neu in die Organisation kommt, wobei sich der Interim-Manger vom ersten Moment an in besonderer Weise und in enger Abstimmung mit dem Projektverantwortlichen bespricht und mit diesem und dem Team eng zusammenarbeitet.

Die Frage ist meines Erachtens auch weniger, ob ein Interim-Manager die Organisationsstruktur und jeden einzelnen Mitarbeiter kennt oder nicht, sondern warum externe Unterstützung überhaupt benötigt wird. Und das ist der Fall beim Fehlen fachlicher Expertise und/oder zeitlichen Engpässen.

Wie lautet also seine konkrete Aufgabenstellung? Welche fachliche Kompetenz und welche praktische Erfahrung werden dafür benötigt? Wie lautet das Ziel des Projekts? Wenn diese drei Fragen beantwortet werden, so tritt die Furcht davor, dass der Externe zu Beginn nicht jeden und alles kennt, schnell in den Hintergrund. Es wird schlicht nebensächlich.

Wie viel Wagnis ist überhaupt dabei, einen Externen einzusetzen?

Christof Kerscher: So viel Wagnis wie unsere heutigen schlanken Strukturen zulassen bzw. gar fördern. Wenn eine Personalabteilung nur mit einer absolut notwendigen Kernmannschaft arbeitet, dann ist viel mehr als die Abarbeitung des Tagesgeschäfts kaum möglich.

Interessant ist, dass wir alle eigentlich inzwischen durch die hohe Anzahl an Beratungsmandaten oder Outplacement-Projekten an den Gedanken von Externen gewöhnt sind. Liest man davon in der Zeitung, so ist es auch normal. Kommt das Thema dann aber auf den eigenen Schreibtisch, wird erst einmal „gefremdelt".

Mit dem Gedanken, dass hinter jedem Projekt ein Change-Prozess steckt, haben wir uns auf diesen Seiten befasst. Aber wenn der Externe sich nun auch um die Veränderung kümmert, die ein Projekt mit sich bringt, so taucht er doch sehr schnell sehr tief in die Unternehmensstrukturen ein?

Christof Kerscher: Das bringt ein Projekt schlicht mit sich. Aber selbst wenn Projekt und die damit einhergehende Veränderung klar zu trennen wäre, so sticht dennoch meist das Zeitproblem: Veränderungen zu managen ist nach meiner Erfahrung nicht ein Kompetenzproblem, besonders nicht im Personalmanagement, wo die meisten über Change-Kompetenz qua Job verfügen, so wie unsere HR Interim-Manager eben auch. Aber hat der Personalleiter auch die Zeit, den

Change professionell zu begleiten? Und was, wenn er von den Auswirkungen des Projekts selbst betroffen ist? Kann er den Prozess dann so zielgerichtet vorantreiben, wie es ein Externer macht, der ohne Historie und ohne Zukunft im Unternehmen die Veränderung begreift?

Darum noch einmal zur Ausgangsfrage eines jeden Projekts: Was soll die Aufgabe des Interim-Managers sein? Wenn diese zu Beginn gemeinsam geklärt wird, so fühlen sich beide Seiten wohl: der Auftraggeber und der Interim-Manager.

# Dürfen Berater auch umsetzen und Interim-Manager auch beraten?

6

## 6.1 Von Strategen und Umsetzern

Von ihrer jeweils ursprünglichen Idee unterscheiden sich die beiden Bereiche Beratung und Interim-Management recht klar: Während die Beratung sich einst daraus gründete, dass Managementfragen Teil akademischer Studien wurden, entstand das Interim-Management – historisch gesehen – aus der Notwendigkeit, den Arbeitsmarkt zu flexibilisieren.

Dass beide Bereiche heute in einem Atemzug genannt werden, mag möglicherweise auch damit zusammen- hängen, dass innerhalb eines Einsatzes sich immer wieder Schnittstellen bilden, die sowohl vom Berater als auch vom Interim-Manager kraft der jeweiligen Erfahrung/Ausbildung bearbeitet werden können.

Dennoch wird die spontane Vermengung der beiden Professionen ihrem jeweiligen Auftrag grundsätzlich nicht gerecht. Wenn es dennoch geschieht, dann müsste, theoretisch gesprochen, ein Zusammenhang wie folgt dargestellt werden: Der Interim-Manager kommt, wenn der Berater mit der beauftragten Unternehmensanalyse und dem sich daraus ergebenden Soll-Konzept fertig ist, und setzt dieses um. Die Kurzdefinition der beiden Bereiche dürfte damit lauten: „Strategen" und „Umsetzer".

Dass es dieser Umsetzer dringend bedarf, weiß Manfred Faber, Geschäftsführer der HR-Consultants, nur allzu gut aus seiner langjährigen Praxis als HR Interim-Manager. Denn immer wieder hat er beobachtet, dass teure Beraterkonzepte in den Schubladen verschwinden, weil keiner imstande ist, die auf akademischem Höchstniveau verfassten Analysen und Lösungsvorschläge nachhaltig in den Unternehmensalltag zu überführen. Genau diese Kritik, sehr viel Geld für sehr viel Theorie zu verlangen plus einem zunehmenden Druck durch Interim-Manager, die auf den Markt drängen, hat die Beraterbranche zuletzt immer ernster genommen.



M. Faber et al., *Erfolgreiche Einsätze von Interim-Managern im Personalwesen*, essentials, DOI 10.1007/978-3-658-15631-2_6

Doch – Schuster bleib' bei deinen Leisten – kann die Lösung kaum lauten, Beratern, die sich durch hohe Methodenkompetenz auszeichnen, nun auch die praktische Umsetzung zu übertragen: „Ich habe die Zusammenarbeit mit Beratern immer sehr geschätzt", so Manfred Faber, „besonders dann, wenn sie aufeinander abgestimmt war.

Der Auftrag an einen Berater und der an einen Interim-Manager ist jedoch grundverschieden. Und das sollten sich beide stets vergegenwärtigen. Wir Interim-Manager sind umsetzungsstarke Praktiker, die sich durch Erfahrung in der Linie auszeichnen. Ein Berater kommt von der ganzheitlichen strategischen Seite. Da geht es um einen unabhängigen Blick und um systemisches Denken. Wir Interim-Manager sehen uns in der Rolle, diese Konzepte in die Praxis zu implementieren. Das heißt, dass wir sie zwar gegebenenfalls in ihrer Entstehung begleiten, sie aber vor allem verstehen müssen und wissen, wie wir sie zum Leben erwecken."

Neben der Tatsache, dass Berater zwischenzeitlich gerne auch das Thema Umsetzung mit in ihr Portfolio aufnehmen, weist Manfred Faber genauso kritisch auf den umgekehrten Fall hin: „Immer wieder geraten wir Interim-Manager in eine Beratungssituation, weil der Kunde die Zusammenarbeit und unsere Erfahrung schätzt. Aber auch hier gilt: Selbst wenn ich schon zig Mal als Interim-Manager mit Beratungshäusern zusammengearbeitet habe und deren Denke verstehe, so fehlt mir doch deren Kompetenz und Erfahrung auf den Feldern der Analyse und Methodik. In erster Linie zeichnen wir Interim-Manager uns doch dadurch aus, dass wir für eine gewisse Zeit Teil des Unternehmens sind, dass wir Kollegin oder Kollege sind, dass wir Mehrarbeit abfangen, Projekte voranbringen und Lücken schließen.

Im Ergebnis bin ich daher fest davon überzeugt, dass Berater und Interim-Manager sich sehr gut ergänzen, aber nicht im Teich des anderen fischen sollten. Und dass das auch vom Kunden bei Auftragsvergabe berücksichtigt werden sollte."

Die Kompetenzen von Beratern und Interim-Managern unterscheiden sich grundsätzlich. Die Ausweitung dieser Kompetenzen auf das Aufgabengebiet des jeweils anderen birgt Risiken, die Kombination große Chancen.

## 6.2 Interim-Manager oder Berater? Alles zu seiner Zeit! *Ein Gespräch mit einem Auftraggeber*

Dr. Tobias Berblinger war einst selbst Unternehmensberater und verantwortete im Laufe seiner Karriere Auf- gaben und Funktionen auch interimistisch. Heute greift er als Auftraggeber immer wieder auf Externe zurück – ein idealer

Ansprechpartner also, wenn es darum geht, die Motivation sowohl eines extern Eingesetzten, als auch die des Kunden zu beleuchten.

*HR-Consultants: Herr Dr. Berblinger, es heißt, Berater seien die analyse- und methodenstarken Theoretiker und Interim-Manager seien die aus der betrieblichen Wirklichkeit kommenden operativen Praktiker. Deckt sich das mit Ihren Erfahrungen und welche Konsequenzen ziehen Sie daraus?*

Tobias Berblinger: Typischerweise greifen Berater bei der Erarbeitung ihrer Konzepte auf theoretische Quellen zurück, was sie per se anspruchsvoll macht. Der Interim-Manager hat einen sehr viel stärkeren Fokus auf die Umsetzbarkeit seiner Konzepte, die daher wissenschaftlich weniger beeindruckend, dafür lebensnäher sind.

Vor diesem Hintergrund empfiehlt sich, je nach Fragestellung, der ein oder der andere Ansprechpartner und danach sollte er auch ausgesucht werden.

*HR-Consultants: Die Unterscheidung von Beratern und Interim-Managern lebt von vielen Klischees. Eines davon lautet: Der Berater hat keinen Kontakt zu den Mitarbeitern, während der Interim-Manager einer von ihnen ist – richtig oder falsch?*

Tobias Berblinger: Ich würde es gerne anders nuancieren: Der Berater richtet sich meines Erachtens sehr stark nach seinem Auftraggeber und sucht häufig die Absicherung über die Hierarchie. Dagegen habe ich den Interim-Manager als jemanden erlebt, der Wert darauf legt, dass das von ihm entwickelte und/oder umzusetzende Konzept die Mitarbeiter bzw. die Organisation direkt weiterbringt. Daher wird der Berater meiner Erfahrung nach stärker als Externer betrachtet.

Ich erinnere mich in dem Zusammenhang an meine Zeit als Unternehmensberater, in der ich immer wieder Kommentare älterer Fach- und Führungskräfte hörte, die sinngemäß lauteten: „Wissen Sie, ich habe schon viele junge Berater kommen und gehen sehen…“.

*HR-Consultants: Wird der Berater von den Mitarbeitern also nicht sonderlich ernst genommen?*

Tobias Berblinger: Er wird aufgrund der geliehenen Autorität durchaus ernst genommen. Und er wird aufgrund seiner spezifischen Fachkompetenz respektiert. Denken Sie beispielsweise an das Thema betriebliche Altersvorsorge – in dem Themenbereich können Sie ohne die Expertise eines Beraters gar nicht erst anfangen. Seine Expertenfunktion und sein Fachwissen sind meines Erachtens unabdingbar und gefragt.

Der Interim-Manager punktet stärker durch seine Persönlichkeit, seine breite Erfahrung und vor allem durch seine Leistung. Und die ist schon deshalb interessant, weil er es sich leisten kann, Lösungen zu erarbeiten ohne auf die politische Großwetterlage Rücksicht nehmen zu müssen.

Eines sollte man jedoch nicht vergessen: Beide werden das Unternehmen früher oder später wieder verlassen und den Fortgang ihrer Konzepte anderen überlassen.

*HR-Consultants: Habe ich bei Ihnen gerade herausgehört, dass sich der Berater in bestimmten Fällen stärker vom Auftraggeber abhängig macht?*

Tobias Berblinger: Durchaus. Das ist meines Erachtens auch der Grund, warum er bisweilen eine Alibifunktion inne hat, also Lösungen ausarbeiten soll, die eigentlich schon beschlossen sind. Um diese allerdings zu verkünden, holt man sich mit dem Berater ein externes Sprachrohr. So abgegriffen das klingen mag, so oft habe ich es erlebt – ein echtes Dilemma für den Berater wie Sie sich vorstellen können.

Richtig punkten können Berater dagegen auf dem Feld der Methodik. Sie haben einen starken theoretischen Unterbau, verfügen über enorme Wissensressourcen, die von den Beratungshäusern systematisch aufgebaut und zur Verfügung gestellt werden und sind sehr eng mit ihren Kollegen vernetzt, was ein besonders großer Vorteil für mich als Kunde ist.

Dagegen ist ein Interim-Manager typischerweise als Einzelkämpfer unterwegs. Im günstigsten Fall kann er sich zwar ein Netzwerk aufbauen, wird aber nie über die gleiche Wissensbasis wie ein Berater verfügen. Daher sei auch hier wieder angefügt: Man muss als Auftraggeber genau wissen, wofür der Externe eingesetzt werden soll.

*HR-Consultants: Kommen wir noch zu einem anderen Klischee: Vor dem Berater hat die Belegschaft tendenziell Angst, da er für eine Umstrukturierung oder Neuausrichtung steht – und Veränderungen aller Art bergen Unwohlsein, gar Ablehnung.*

*Dem Interim-Manager wird dagegen Vertrauen entgegen gebracht, da er entweder schlicht einen Ausfall im Team kompensiert oder für ein Projekt beauftragt wird, das ansonsten eine Mehrbelastung für die Mitarbeiter darstellen würde – in beiden Fällen ist er in erster Linie Kollege.*

Tobias Berblinger: Ja, das kann ich durchaus bestätigen. Nach meiner Beobachtung wird sehr viel schneller ein Vertrauensverhältnis zum Interim-Manager aufgebaut. Aber Berater sind auch eher analytisch starke Universitätsabgänger. Dagegen steht die Seniorität und günstigstenfalls die überzeugende Persönlichkeit des Interim-Managers samt seiner Erfahrung, die für mich grundsätzlich Voraussetzung dafür ist, ein Mandat zu erteilen.

In den letzten Jahren hat sich allerdings der Markt der Interim-Manager ausdifferenziert. Während es zu Beginn noch die erfolgreichen Mitt- und Endvierziger waren, die sich selbstständig gemacht haben, um aus den verschiedenen persönlichen und auch fachlichen Gründen als Interim-Manager tätig zu werden, gibt es inzwischen junge, aber sehr gut qualifizierte Spezialisten für Teilbereiche. Ein Beispiel hierfür ist das Recruiting. Bei aller Erfahrung und Expertise auf ihrem Gebiet sollte da aber fairerweise der Zusatz „Manager" gestrichen werden und nur das Wort „Interim" stehen bleiben.

*HR-Consultants: Besteht ein Unterschied der beiden was die Verantwortung anbelangt? Es heißt oftmals, dass ein Berater weniger Verantwortung übernimmt als ein Interim-Manager?*

Tobias Berblinger: Nein, das möchte ich nur begrenzt stehen lassen, vor allem unter den Aspekten Verweildauer und Halbwertszeit der auftragsbezogenen Zugehörigkeit, die in beiden Fällen, wie bereits erwähnt, überschaubar ist. Da sehe ich keinen großen Unterschied, was das Thema Verantwortung betrifft.

An der Stelle bin dagegen ich als Auftraggeber gefordert, und zwar zweifach: Zum einen muss ich kontinuierlich überwachen, dass das, was ich bekomme, auch meinen Anforderungen entspricht. Und ich muss dafür sorgen, dass eine hinreichende Dokumentation der Leistungen erfolgt, denn es muss sehr einfach möglich sein, mit den vorbereiteten Lösungen zu leben und sie entsprechend fort- und weiterzuentwickeln.

*HR-Consultants: Weggehend von den Klischees wird ein anderer Trend sichtbar: Berater wollen nicht mehr nur noch diejenigen mit den bunten Powerpoints sein, sondern auch umsetzen. Und Interim-Manager positionieren sich zunehmend als coachende Prozessverbesserer mit ein bisschen Beratungskompetenz. Anders gesagt, beide drängen wechselseitig in den Markt des anderen. Ist das eine Tendenz, die auch Sie so beobachten?*

Tobias Berblinger: Ja, da findet eine schrittweise Überlappung statt. Ein erfahrener Interim-Manager, der neue Prozesse und Konzepte entwickeln kann, möchte sich nicht darin erschöpfen, vorgefertigte und vorgegebene Instrumente zu implementieren. Für mich als Auftraggeber bleibt aber eine gute Hands-on-Mentalität Auswahlkriterium. Wenn ich einen Interim-Manager beauftrage, dann brauche ich niemanden, der nur seine Anordnungen auf sein Team delegiert.

Bei Beratern ist die Tendenz zur Umsetzung gegeben, sobald sie weg von der reinen Methodenkompetenz gehen, weil sie echte Koryphäen auf einem besonders schwierigen Fachgebiet sind. Hier sei noch einmal das Beispiel der betrieblichen Altersvorsorge angeführt. In dem Fall ist der Wunsch, die Umsetzung zumindest mit anzuschieben, groß. Letztlich ist aber der Berater für die Umsetzung schlicht zu teuer.

*HR-Consultants: Sind Berater teurer als Interim-Manager?*

Tobias Berblinger: Ja, aber die Tendenz geht dahin, dass die Gruppe der Berater, die ein Projekt bestücken, kleiner werden. Kam früher ein Beratertrupp von fünf bis sechs Mann zu ihnen, so haben sie es heute im gleichen Fall nur noch mit zwei Kollegen zu tun.

*HR-Consultants: Berater sind häufig spezialisiert – ein klarer Vorteil für sie?*

Tobias Berblinger: Beratungshäuser, die sich auf bestimmte Themengebiete fokussieren und einen hohen Wissensstand in einem Bereich mit entsprechendem Renommee entwickelt haben – sie können hier beispielsweise das Thema Lean Management nehmen, welches letztes Jahr einen starken Aufschwung hatte – werden typischerweise für diese Projekte gerufen. Auch von Wettbewerbern. Es wäre überraschend, wenn sich die Rezepte für die einzelnen Auftraggeber dann dramatisch unterscheiden. D. h. die Stärke eines Beratungshauses, Fachwissen aufzubauen, kann gleichzeitig dazu führen, dass die Neutralität und der Wettbewerbsvorteil, die man meint damit einzukaufen, sich ins Gegenteil verkehrt.

*HR-Consultants: Haben Sie da nicht die gleichen Bedenken bei Interim-Managern?*

Tobias Berblinger: Dieser Fall wird sich weit weniger oft stellen, denn die Wahrscheinlichkeit, dass ein Interim-Manager einen Folgeauftrag direkt beim Konkurrenten bekommt, ist gering. Ebenso, dass er seine gewonnene Erfahrung genau dokumentiert hat, um sie einem anderen Interim-Manager, der beim Wettbewerber arbeitet, zugänglich zu machen.

Da ist die Dimension, die sich durch Beratungshäuser ergibt, eine ganz andere, zumal wenn sie über eine vierstellige Anzahl von Mitarbeitern verfügen und über Practice Groups mit fünfzig bis sechzig Kolleginnen und Kollegen. Diese Häuser leben davon, dass es eine dokumentierte Wissensbasis gibt. Das ist Vorteil und Nachteil, Fluch und Segen zugleich.

*HR-Consultants: Sie sprechen damit auch eine gewisse Projektgröße an, ab der ein Interim-Manager als – wie Sie sagen: Einzelkämpfer – kaum mithalten kann …*

Tobias Berblinger: Größere Projekte können Sie nur mit einem Beratungshaus an Ihrer Seite stemmen. Das ist ein klarer Vorteil für Berater, besonders, wenn es um Projekte geht, die international ausgerollt werden müssen und viel Reisetätigkeit mit sich bringen. Dann ist ein Beratungshaus nach wie vor für mich das Mittel der Wahl. Als Auftraggeber kaufe ich mir mit einem Beratungshaus eine gewisse Infrastruktur mit ein. Und das ist für große Projekte ein erheblicher Wettbewerbsvorteil.

Selbst wenn sich eine Gruppe von Interim-Managern, also von Individuen, zusammenschließt, muss sie als Team funktionieren und muss vor allem zur gleichen Zeit gleich lang verfügbar und in keinem anderen Einsatz sein. Ich habe zwar schon erlebt, dass mir bei größeren Aufträgen Interim-Manager über ihr Netzwerk durchaus gute und sinnvolle Tipps geben konnten. Aber dass diese Personen dann auch verfügbar sind und dass die Passung da ist, das sind ganz glückliche Zufälle. Wenn sie Viel-Mann-Kraft brauchen, empfiehlt sich nach wie vor eine Beratung.

*HR-Consultants: Noch eine persönliche Frage: Wie gerne waren Sie selbst Berater?*

Tobias Berblinger: Zu Beginn meines Berufslebens sehr gerne. Die Tätigkeit ist meines Erachtens aber abhängig von der jeweiligen Lebensphase. Sobald Dritte von Ihnen abhängig werden und Sie nicht mehr der ungebundene Segler sind, lassen die Verlockungen des Beraterlebens dramatisch nach. Das Leben aus dem Koffer ist für einen jungen Familienvater nicht mehr so attraktiv wie für einen Hochschulabsolventen, der es sehr zu schätzen weiß, wenn er in teuren Restaurants abends auf Firmenkosten unterwegs sein kann und dem es Freude bereitet, mit seinen Kollegen sich auch am Wochenende auf der Skipiste herumzutreiben. Die Beratung bietet durchaus ein sehr spannendes, schnelles Leben, für das man allerdings bezahlen muss. Das Bild, ich fahre auf der Autobahn während andere auf der Schnellstraße unterwegs sind, ist in der Branche immer noch stark ausgeprägt. Und es herrscht die auch ausgesprochene Meinung, dass man als Berater doppelt soviel Berufserfahrung sammelt als andere, die operativ tätig sind. Das stimmt meines Erachtens aber nur, wenn man gleichzeitig zugibt, dass die Art der Erfahrung eine ganz andere ist.

*HR-Consultants: Und wie beobachten Sie die Interim-Manager, die für Sie arbeiten?*

Tobias Berblinger: Das Leben eines Interim-Managers unterscheidet sich in einem Punkt ja nicht sehr von dem eines Beraters: es ist schlicht nicht planbar. Denn was tut der Interim-Manager, wenn ich ihn vor lauter Begeisterung noch zwei Monate verlängere? Dann sagt er den Familienurlaub ab!

Eine der größten Belastungen, die ich bei Interim-Managern im Laufe der Jahre beobachtet habe, ist der ständige Akquisitionszwang, sobald das Projektende naht. Der zeitliche Aufwand ein Nachfolgeprojekt zu ergattern, ist enorm. Da wird jeden Abend noch stundenlang telefoniert, gemailt, ‚genetzwerkt'. Und sobald der Auftrag da ist heißt es typischerweise: „Bitte fangen Sie gestern bereits an!" Das theoretische Konstrukt, nach einem Auftrag zwei oder drei Monate Urlaub nehmen zu können, geht in den seltensten Fällen auf.

Dagegen steht der Vorteil, dass der Interim-Manager wirklich stärker an der Sache arbeiten kann und nach meiner Beobachtung das auch tut. Er kann sich aus politischen Spielen heraushalten. Für mich als Kunde ist das übrigens ein Kaufargument. Und da hatte ich bisher Glück mit Könnern ihres Fachs zusammenzuarbeiten, die feine Antennen dafür haben, wo Klippen sind bzw. wo sie auftauchen könnten und wie sie elegant umschifft werden können. Wer das kann ist im besten Sinne ein Interim-Manager und auch ein Coach. Und ich habe festgestellt, dass das gerade für jüngere Führungskräfte oft eine sehr prägende Zusammenarbeit ist.

Von daher arbeite ich wirklich gerne und nicht nur aus der Not heraus mit Interim-Managern zusammen.

*HR-Consultants: Herr Dr. Berblinger, sehr herzlichen Dank für das Gespräch!*

## 6.3 Berater oder Interim-Manager, Interim-Manager oder Berater – oder beides in einem?

Ist die Zukunft der beratende Interim-Manager oder der seine Analysen auch umsetzende Berater? Wie denken beide, was unterscheidet sie, wo sieht ein jeder seine Kompetenz – leben die beiden Professionen nebeneinander her oder ergänzen sie sich? Und welche Aufgabe kommt den Providern zu?

Um die Veränderungen und die Weiterentwicklungen der beiden Bereiche Beratung und Interim-Management zu betrachten haben wir in den Räumen der HR-Consultants eine Diskussion gemeinsam mit einem Vertreter eines Beratungshauses und einem langjährigen Interim-Manager geführt.

**Guido Gratza** ist Personalleiter der Staufen AG, einer internationalen Lean Management Beratung zur Entwicklung von Unternehmen und deren Mitarbeitern. Zuvor war er 22 Jahre lang bei Daimler, wo er im Bereich berufliche Bildung begann und nach der Fusion mit Chrysler eine Inhouse-Consulting mit dem Ziel der Prozesseffizienz und Kulturveränderung aufbaute.

**Erik Jan Hengstmengel** war über 13 Jahr Interim-Manager mit den beiden Schwerpunkten IT und HR. Zuvor war er zwölf Jahre lang als Unternehmensberater bei Cap Gemini tätig. Heute ist er Geschäftsführer der TIE Kinetix GmbH, einem digitalen Technikdienstleister.

*Herr Gratza, Sie haben es im Vorgespräch wie selbstverständlich angesprochen: „Auf Kundenwunsch wird von unserem Beratungshaus auch ein Interim-Mandat übernommen."*

*Wäre Ihnen dieser Satz auch vor zehn Jahren so selbstverständlich über die Lippen gekommen?*

Guido Gratza: Nein, das glaube ich nicht. Eine Kombination der beiden Felder ist sicherlich eine Entwicklung, die sich erst seit ein paar Jahren abzeichnet, auch, wenn es in der Zeit nach der Wende immer wieder Interim-Funktionalitäten in der Beratung gab. Die ergaben sich aber eher daraus, dass ein Betrieb von einem Wirtschaftssystem in ein anderes übertragen werden musste.

Heute stehen wir vor Transformationsprozessen. Und die funktionieren zum einen über das Management und zum anderen durch einen Beratungsansatz. Letzterer ist aber streng genommen eine Dienstleistung, die nicht im Machtgefüge des Unternehmens enthalten ist. Sich gezielt jemanden von außen zu holen, der die Transformationsleistung dann vollbringt, ist eine Entwicklung der letzten Zeit. Und die Kombination daraus eigentlich ein Spezialfall, an den sich alle drei, also Beratungshaus, Interim-Manager und Mandant, erst gewöhnen müssen.

*Berater und Interim-Manager in einem – ein neuer Typ? Die berühmte eierlegende Wollmilchsau? Kann das funktionieren oder wollen – müssen gar – sich beide kraft ihrer eigentlichen Aufgabe nicht eindeutig voneinander unterscheiden?*

Erik Jan Hengstmengel: Auf diese Frage muss ich antworten, denn eigentlich bin ich ein solcher „neuer Typus". Das liegt in meiner Laufbahn begründet – erst Unternehmensberatung, dann Interim-Management.

Aber trotz all dieser Kenntnis und Erfahrung möchte ich eines deutlich sagen: Es ist wichtig, dass sich der Kunde den Unterschied klarmacht. Das Risiko einer falschen Erwartungshaltung an das Mandat ist sonst zu hoch und mir sind diese Fälle immer wieder begegnet. Besonders bei Kunden, die in der Vergangenheit noch nicht mit Interim-Managern zu tun hatten. Aufklärungsarbeit tut hier dringend not. Grundsätzlich gilt: Vom Berater erwarte ich Fachwissen und -kompetenz und eine moderierende Rolle. Vom Interim-Manager erwarte ich, dass er eine vollständig gestaltende Rolle inklusive Verantwortung übernimmt. Was beide unterscheidet ist das Niveau auf dem Feld der Analyse. Ich will die Fähigkeit zur Analyse keinem Interim-Manager absprechen und gerade in Transformationsprozessen wird er sie auch mit seinem Kunden durchlaufen, aber die Kompetenz auf diesem Feld hat eindeutig der Berater. Das muss dem Kunden klar sein.

*Wäre der Idealfall der, dass ein Unternehmen im Bedarfsfall erst einen Berater holt, der dann sein erarbeitetes Konzept einem Interim-Manager übergibt, der es dann umsetzt?*

Christof Kerscher: Eine schöne Schnittstelle, die wir gerne bedienen würden. Denn wie Erik Jan Hengstmengel gerade erwähnte, hat der Berater einen Werkzeugkoffer mit Daten, Analysemethoden und Konzepten, die ein Interim-Manager nicht hat – zumindest ist der Koffer des Beraters größer und schwerer und wird von einem ganzen Team getragen.

Die Idee, danach einen in der Linie besonders erfahrenen Interim-Manager mit der Umsetzung der Ergebnisse zu betrauen, ist den Beratungshäusern wohl zu provokant, denn jedes Mal erhalten wir die gleiche Antwort: „Wir können nicht nur PowerPoint, wir können auch umsetzen." Die Umsetzung geschieht dann aber ebenfalls durch die Berater, die einst von der Uni kommend, besagten Werkzeugkoffer in die Hand gedrückt bekamen. Ob sie wirklich gegen jemanden antreten können, der zwanzig Jahre lang bereits operativ tätig war, weiß, wie mit Betriebsräten zu verhandeln ist und Controllern auf Augenhöhe begegnen kann, würde ich mir gerne im Einzelfall anschauen.

Ich bin überzeugt, dass die Zusammenarbeit – also nicht gegeneinander sondern hintereinander – sinnvoll ist und für den Kunden einen klaren Mehrwert darstellt. Ob die Initiative in Zukunft von uns, von den Beratungshäusern oder vom Kunden selbst kommt, bleibt abzuwarten.

*Richten sich Unternehmensberatungen tendenziell stärker auf das Thema Umsetzung ein, weil die Kritik zu laut geworden ist? Der beratende Umsetzer als Lösung für den Vorwurf: „Ihr liefert nur Hochglanzpapier ab und lasst uns dann damit alleine?"*

Guido Gratza: Sicherlich ist die Branche immer noch von diesem Image geprägt. Daher sind der Trend und der Wille, die Umsetzung ebenfalls zu begleiten, durchaus vorhanden. Aber es stellt sich die Frage, die uns heute auch zusammengeführt hat, nämlich: Wer setzt die Konzepte um/kann sie umsetzen? Denn nur weil jemand ein gutes Konzept hat, kann er es ja nicht gleich umsetzen.

Jetzt muss ich noch einmal auf mein Unternehmen zurückkommen. Unsere Personalstrategie lautete von Beginn an, gut zwei Drittel der Mitarbeiter aus der Industrie zu rekrutieren, die bis zu fünfzehn, gar zwanzig Jahre Berufserfahrung haben und aufgrund dieses Erfahrungsschatzes heraus beraten. Damit können unsere Berater Konzeptfähigkeit mit Umsetzungsbegleitung kombinieren. Aber auch das ist kein Garant dafür, dass eine Umsetzung auch erfolgt und vor allem glückt. Denn auch auf die Gefahr hin, dass ich mich hier wiederhole: Ein Berater ist nicht Bestandteil des Machtgefüges eines Unternehmens – im Gegensatz zum Interim-Manager. Das heißt, dass ein Berater auf Themen wie beispielsweise Entscheidungs- oder Investitionsstaus zwar hinweisen kann, aber er kann sie nicht operativ angehen. Und hier liegt meines Erachtens der Schlüssel zum

Interim-Management, dessen Aufgabe es ist, für den Kunden Entscheidungsleistungen zu übernehmen.

Das kann übrigens auch umgekehrt laufen, nämlich dass der Interim-Manager, um bei seinem Einsatz weiterzukommen, Beratungsunterstützung braucht und uns anruft, damit wir ihm eine saubere Analyse anfertigen.

Ich glaube zwar nicht, dass wir uns hier auf einem konzeptionell gesicherten Feld bewegen und in einer Art Automatismus zu jedem Beratungsmandat einen Interim-Manager verkaufen müssen, aber beides kann positiv zusammenwirken.

*Wollen Berater überhaupt umsetzen? Etwas keck gefragt: Verträgt sich operatives Arbeiten mit ihrem „Berufsethos"?*

Guido Gratza: In jedem Fall, zumindest was unsere Berater angeht, denn die Umsetzungsbegleitung ist einer unserer USPs. Wir wollen die Konzepte, die wir entwickeln, auch mit dem Kunden gemeinsam umsetzen. Und wir wollen gegebenenfalls auch mal zeigen, dass das, was wir uns vorher überlegt haben, auch einmal nicht funktioniert – lieber achtzig Prozent umgesetzt als hundert Prozent nicht erreicht. Dafür erhalten unsere Berater neben der Fachexpertise eine entsprechende Consulting Ausbildung, denn Umsetzung bedeutet beispielsweise auch: Mit welcher Hartnäckigkeit muss ich dranbleiben, bis ein neuer Zustand tatsächlich erreicht ist? Welche Fähigkeiten muss ich trainieren? Welche Management-Infrastrukturen muss ich aufbauen, welche Management-Attention muss ich bei denen erreichen, die sich vielleicht gar nicht wirklich für das Konzept interessieren? Ich muss Veränderung messbar machen, sie kommunizieren können, die interne Kommunikation mit einbeziehen und so weiter. Um den Kunden von A nach B zu bekommen wird eine gesamte, wie ich immer sage: Dramaturgie der Veränderung erzeugt und in einer Art Regieform aufgeführt.

Und ja, dieser Wandel musste sein, denn der Kunde ist nicht mehr bereit, viel Geld für Hochglanzpapier zu bezahlen. Entsprechend muss die Beratung mehr Verantwortung für ihre Konzepte übernehmen.

*Wie gerne benutzt der Kunde andersrum den Interim-Manager als Berater und wie gerne bietet der Interim-Manager Beratungsleistungen an, die bei ihm nicht unbedingt ausgeprägt sind?*

Erik Jan Hengstmengel: Ein Interim-Manager wird aufgrund seiner fachlichen Kenntnisse ausgewählt. Das bedeutet, dass der Kunde berechtigterweise hohes Fachwissen erwartet. Daher befindet sich der Interim-Manager immer wieder in der Situation, dass der Kunde sein Wissen und seine Meinung zu bestimmten Themen bei ihm einholt, meiner Erfahrung nach aber auf kollegialer Ebene.

Ganz klar positioniert habe ich mich stets, wenn im Rahmen eines Mandats tatsächlich Analysen, Workshops oder auch spezielle Coachings gefordert wurden. In dem Moment sehe ich meine Aufgabe vielmehr darin, geeignete Kolleginnen und Kollegen einzubeziehen. Denn innerhalb eines Mandats zwei Hüte aufzuhaben geht nicht.

*Kann es sein, dass die Kundenansprüche sowohl an die Berater als auch an die Interim-Manager insgesamt höher geworden sind? Und kann es gleichzeitig sein, dass zunehmend Freelancer Interim-Dienstleistungen anbieten, die den Ansprüchen der Branche eigentlich nicht gerecht werden?*

Christof Kerscher: Hinter beiden Gedanken verbirgt sich dasselbe Problem, nämlich dass das Thema Interim-Management noch gar nicht über die Marktreife und damit auch nicht über die Marktkenntnis verfügt wie die Beratung. Aufklärungsbedarf besteht auf beiden Seiten. So wissen viele, die sich mit dem Gedanken tragen als Interim-Manager tätig zu werden, nicht, was sich wirklich dahinter verbirgt und gleichzeitig ist die Vorstellung von der Tätigkeit eines Interim-Managers auf Kundenseite nicht rund. Ein erfahrener Interim-Manager, der Auftragsspitzen abdeckt, hat mit der Dienstleistung eines Beratungshauses nichts zu tun – das ist eine rein operative Tätigkeit. Grundsätzlich möchte ich an der Stelle aber betonen, dass weit über die Hälfte aller Projektanfragen, die wir hier reinbekommen, klassische Interim-Management Aufgaben sind. In den Fällen müssen wir eine Unterscheidung zur Beraterleistung erst gar nicht machen.

Aber es besteht eben noch sehr viel Unsicherheit im Markt und deswegen ergeben sich auch so gravierende Qualitätsunterschiede. Das merken wir auch an den Vorstellungen, was die Tagessätze auf Kandidatenseite respektive was das Budget auf der Kundenseite anbelangt.

*Wie kann den „gravierenden Qualitätsunterschieden" im Bereich Interim-Management begegnet werden? Wer hat hier welche Aufgabe?*

Erik Jan Hengstmengel: Es darf nicht sein, dass jemandem einfällt, zwischen zwei Jobs „mal so zwischendurch" Interim-Manager zu werden. Ein Interim-Manager übernimmt eine große Verantwortung und er hat kein Team hinter sich, das ihm den Rücken frei hält. Das ist vielen, die sich mit dem Gedanken tragen, als Interim-Manager tätig zu werden, nicht bewusst. Sie nehmen das zu leicht.

Christof Kerscher: … wenn ich da als Provider noch anfügen darf: An der Stelle fühle ich mich gefordert, und zwar nicht nur darin, die Interim-Manager auf ihr Aufgabengebiet vorzubereiten. Wir stehen da nicht nur mit Rat, sondern auch mit Tat zur Verfügung und richten beispielsweise regelmäßig in unseren Räumen Veranstaltungen für Interim-Manager aus, wo sie Gelegenheit zum ‚netzwerken' finden, sich kennenlernen und austauschen können. Das wird sehr gerne angenommen und uns wird bescheinigt, dass diese Treffen nicht nur nett, sondern auch sehr hilfreich sind.

Aber gefordert fühle ich mich auch kundenseitig: Mir ist es wichtig, dem Mandanten aufzuzeigen, was er erwarten kann und hier für größtmögliche Transparenz und Seriosität zu sorgen, gar an einer Bewusstmachung zu arbeiten: Interim-Manager und Berater sind unterschiedliche Professionen. Da müssen wir ehrlich sein und ein klares Beratungsmandat an Beratungen weitergeben, was wir gerne tun, denn alles andere ist nicht zielführend. Wir sind ein Provider für Interim-Manager und nicht für Unternehmensberater.

Was wir leider dennoch immer wieder beobachten ist der Fall, dass Kolleginnen und Kollegen, die schon lange auf einen Auftrag warten, sich auf Mandate einlassen, von denen sie eigentlich die Finger lassen sollten.

Guido Gratza: Das ist auch meine Beobachtung. Daher glaube ich, dass dem gesamten Feld Zusammenschlüsse gut tun und dass wir damit eher für Standards sorgen können, als wenn wir alle alleine unterwegs sind. Ich sehe hier die Zukunft.

*Ist der Markt für Interim-Manager schwieriger geworden oder etabliert er sich und weitet sich aus?*

Erik Jan Hengstmengel: Meiner Beobachtung nach hat sich der Markt für Interim-Mandate in den vergangenen zehn Jahren in Deutschland gut entwickelt und ist erwachsener geworden. Allerdings ist er sehr konjunkturanfällig und -abhängig. Gerade daher sehe ich es positiv, wenn sich Interim-Manager über Provider und Sozietäten zusammentun, um die Qualität zu sichern. Damit werden wir professioneller und das ist wichtig für die Marktakzeptanz.

Christof Kerscher: Nicht nur täglich am Telefon und in persönlichen Gesprächen, sondern auch als regelmäßiger Aussteller auf den HR-Messen stellen wir fest, dass die Bereitschaft, als Interim-Manager tätig zu werden, wächst.

Parallel dazu schauen sich Unternehmen ständig danach um, die vom Management bzw. vom Markt geforderte Flexibilität umzusetzen bzw. sich gezielt Erfahrung und Know-how auf einem bestimmten Gebiet zeitweilig ins Haus zu holen und sehen im Interim-Management dafür eine Lösung. Das begrüßen wir, die wir seit über 17 Jahren für diese Idee leben, natürlich sehr.

# Was Sie aus diesem *essential* mitnehmen können

- Interim-Management ist eine moderne, konsequente und wertsteigernde Lösung für viele unternehmerische Herausforderungen
- Interim-Management sollte von einer reinen Unternehmensberatung abgegrenzt werden und bei anderen Situationen eingesetzt werden
- Interim-Management ist gerade bei Veränderungssituationen ein wertvoller Baustein
- Interim-Management ist vielfältig einsetzbar sowie bzgl. Volumen und Planung äußerst flexibel und äußerst bedarfsgerecht einsetzbar



M. Faber et al., *Erfolgreiche Einsätze von Interim-Managern im Personalwesen*, essentials, DOI 10.1007/978-3-658-15631-2